COLECCIÓN DORADA
INTERÉS GENERAL

MANUAL
IMAGEN
DE
MUJER
DIANA NEIRA

MANUAL
IMAGEN
DE
MUJER
DIANA NEIRA

Villegas
editores

Libro diseñado y editado en Colombia por
VILLEGAS EDITORES S. A.
Avenida 82 No. 11-50, Interior 3
Bogotá, D.C., Colombia.
Conmutador (57-1) 616 1788. Fax (57-1) 616 0020
e-mail: informacion@VillegasEditores.com
e-mail de la autora: neira_diana@etb.com.co, neira_diana@hotmail.com

© DIANA NEIRA
© VILLEGAS EDITORES 2004

Editores
BENJAMÍN VILLEGAS
MARÍA VILLEGAS

Departamento de arte
ANDREA VÉLEZ / HAIDY GARCÍA

Edición de textos
"CAMÁNDULA"

Ilustraciones
EDDY MILFORT / MARCELA CORTÉS

Páginas 4/5
Fotografía INDIRA RESTREPO

Primera edición, octubre 2004

Primera reimpresión, abril 2005

ISBN 958-8160-76-6

Preprensa, ZETTA COMUNICADORES

Impreso en Colombia por
PANAMERICANA FORMAS E IMPRESOS S. A.

VillegasEditores.com

A Ilana y Paula
por haber sido no sólo
las mejores hijas
sino las mejores amigas y consejeras.

A todos mis alumnos
por haber creído en mis temas
y haberme promocionado
de manera tan generosa.

CONTENIDO

IMAGEN PÚBLICA 148

LA ETIQUETA DE LA BODA 178

INTRODUCCIÓN

El tema de la imagen nunca me fue ajeno. Desde niña sentí el impacto que producían en los demás mis actitudes: mi vestimenta, mis opiniones, mis gustos. Nunca los oculté, es más, los hice evidentes.

En el colegio no sólo era reconocida por mi buen desempeño académico sino por mi personalidad.

Aun frente a mis padres, yo adoptaba posiciones beligerantes, dirían ellos, aunque yo las calificaría de afirmativas. ¡Quería hacer oír mi propia voz!

Cuando mis papás se iban de viaje, yo ponía la casa patas arriba, cambiaba todo de lugar y me deshacía de las cosas que me parecían inútiles. Quería que todo se viera diferente, desde mi cuarto hasta mi guardarropa. Siempre estaba en la búsqueda de mejorar, tanto mi entorno como a mí misma.

Entre mis lecturas de adolescente, Jean-Paul Sartre y su obra de teatro *A puerta cerrada*, me permitieron ver claramente lo importante que es la apariencia y el vano intento que supone querer escapar a la mirada del otro, como lo demostraban sus personajes cuando cambiaban de comportamiento al sentirse observados.

Entré a estudiar filosofía y letras en la Universidad de los Andes, y la cátedra de estética me ofreció nuevos elementos para abordar mi preocupación por la apariencia de las cosas y la manera como nos relacionamos con ellas.

Tiempo después, cuando comencé a trabajar como consultora de imagen, en Colombia había una gran confusión y pocos entendían de qué se trataba ese trabajo. Mucha gente pensaba que yo daba clases de *glamour* y que todo empezaba aprendiendo a caminar y terminaba en la peluquería. Con quien siempre pude compartir verdaderamente la filosofía de mi oficio, fue con Eduardo Ospina, el padre de mis dos hijas. Desde el principio, él comprendió para dónde iban mis lecturas, mis cursos sobre consultoría de imagen, las técnicas para hablar en público, las relaciones públicas, el vestuario, la etiqueta, el maquillaje y la teoría de color.

Todo el proceso de estudio comenzó a partir de mí misma, siendo yo mi propio "conejillo de Indias" y aplicando en mí cada nueva teoría y hallazgo en materia de imagen. Por eso, a la hora de enfrentarme a un cliente, soy la mejor carta de presentación, porque he experimentado todo lo que enseño. Así desarrollé una carrera, aprendí a desenvolverme en el mundo de los negocios e implementé las relaciones públicas en el trabajo y en mi vida personal.

Sabiendo por experiencia lo difícil que es afrontar el cambio, ya sea de personalidad o de apariencia, cuando estoy frente a un cliente soy muy cuidadosa a la hora de emitir juicios porque en ese momento no sólo soy la consultora que se propone sacar lo mejor del otro, sino también objeto de su juicio. Entiendo lo difícil que es sentarse frente a otro, analizar cada aspecto de su vida y decidirse a hacer algunos cambios. Estas transformaciones suponen la creación de una imagen que se alimenta de las experiencias personales con el entorno, de los estereotipos, mitos, símbolos y prejuicios que alimentan la cultura de un grupo social y, a la postre, será lo que otros reconocerán como una actitud o comportamiento particular.

Partiendo de lo que uno es, la imagen que se proyecta al exterior siempre será susceptible de cambios o mejoras. De lo contrario, esa percepción de nosotros, que esperamos que los demás retengan en su mente, no tendrá ningún sustento.

Hay tantas imágenes personales como seres humanos, pues finalmente la imagen no es otra cosa que el sello personal que se le imprime a todo lo que hacemos. La expresión de nuestra individualidad y la armonía de estar cómodo y en paz con uno mismo se refleja hasta en el más mínimo detalle. Esa personalidad íntegra y coherente que termina por trascender, abrir puertas y propiciar respuestas positivas en los demás, es lo que tratamos de generar los consultores de imagen.

Después de veinte años en este oficio, manejando programas académicos y asesorando a miles de personas, empresas colombianas y multinacionales, medios de comunicación y hoteles, debo confesar que en nuestro país ya se empieza a reconocer la importancia de la Imagen y de las Relaciones Públicas en el desempeño de cualquier actividad. Estados Unidos es el país que más se ha ocupado de la Imagen Personal, pero en el mundo entero el tema sigue estando en manos de unos pocos y la bibliografía que se encuentra es escasa, parte de la cual reseño en este libro.

A nivel personal, una de las grandes satisfacciones que me ha dado mi trabajo ha sido poder comunicarme con los demás, acompañarlos, apoyarlos en sus procesos de cambio y, lo más importante, aprender de ellos. Sin duda ha sido un proceso de doble vía, pues los compromisos, responsabilidades y exigencias que se le hacen al cliente, empiezan en el consultor, ya que nadie le creería a un consultor de imagen que no fuera él mismo una expresión de su trabajo.

Por eso me decidí a escribir este manual, dispuesta a compartir las experiencias que he vivido como consultora, para que todas las mujeres que se interesan por su imagen encuentren la manera de convertirla en una carta a su favor, sin importar la labor que desempeñen, ya sea ama de casa, ejecutiva, estudiante o futura consultora de imagen.

Quienquiera dominar el arte de saber vivir y de saber estar, encontrará en estas páginas respuestas a las principales inquietudes que surgen cuando uno se pregunta: "¿Cómo me veo?, ¿qué dice mi apariencia a los demás?, ¿qué quiero comunicar?", y a medida que avance en su lectura descubrirá que el tema de la imagen supera el ámbito de lo privado y alcanza importantes dimensiones sociales.

IMAGEN PERSONAL

Corría la década de los ochenta cuando
empezaron a aparecer en la pantalla de televisión personas jóvenes para presentar las
noticias. Hasta entonces esta labor había
estado a cargo de conocidas figuras de
la televisión colombiana. Mujeres que
habían construido interesantes carreras, gracias al manejo que daban a las
noticias, sus voces y la credibilidad que
proyectaban frente a las cámaras de televisión. Pero, por aquellos días
estaban también llegando a los noticieros, en los horarios de mayor audiencia, presentadoras jóvenes y
bellas, con un encanto natural y un
estilo que también podía cautivar
a los televidentes.

Así fue como el propietario de
uno de los mejores noticieros de
aquel entonces, me llamó para solicitar mis servicios. Quería que
trabajara en el *set* con su presenta-
dora, una periodista cuya tesitura de
voz la distinguía sobre las demás. No
existía ningún reparo sobre sus capacidades periodísticas, pero los

directivos del noticiero creían que había que hacer un cambio en su apariencia personal, que consideraban demasiado informal frente a la competencia.

Cuando me reuní con ella por primera vez, comencé por contarle por qué había sido contactada por los directivos del noticiero. Su primera reacción fue negativa. Me dijo que yo era la tercera persona que le habían pedido visitar con el mismo propósito y que había cosas que ella no estaba dispuesta a cambiar.

Se intuía rápidamente que sus anteriores experiencias no habían sido positivas, así que era el momento de explicarle en qué consistía el trabajo del consultor de imagen. Si una persona considera que debe realizar un ajuste en algún aspecto interno o externo de su personalidad porque no se siente cómoda con su imagen ni con lo que ésta proyecta a los demás, es el momento de solicitar la ayuda de un asesor.

ANÁLISIS OBJETIVO

La imagen personal es la huella de una persona que capta la mente del otro. Se compone de dos partes: la imagen interna, conformada por el espíritu que le da un sentido anímico a la vida; y la imagen intelectual, fruto de las experiencias aprendidas o vividas que conforman el conocimiento, y se alimenta de creencias, valores, cualidades y defectos que exteriorizan la personalidad, constituyéndose en factor determinante de la imagen total. La parte externa o imagen física se relaciona con la cara y el cuerpo, cobrando especial importancia el arreglo personal, como complemento del lenguaje corporal que se manifiesta a través de la expresión facial, los gestos, y la posición y movimientos del cuerpo.

Para establecer exactamente lo que le queda bien a uno, teniendo en cuenta que puede ser diferente de lo que le gusta, el consultor o la persona misma debe empezar por analizar detenidamente su parte externa e interna, a fin de descubrir en qué aspectos es pertinente hacer cambios. La personalidad y la apariencia física son dos caras de la misma moneda, ambas cruciales en la constitución de una imagen personal.

En el caso de acudir a un asesor, la relación entre él y su cliente debe sustentarse en la confianza, la franqueza y la total confidencialidad, para responder honestamente a las preguntas que dan inicio a la primera sesión: ¿Quién soy yo?, ¿qué he hecho?, ¿qué quiero hacer?

Emprender un proceso de cambio de imagen no es una labor sencilla, porque a partir de estos interrogantes se ponen sobre la mesa temas delicados que, por lo general, comprometen algún hábito, creencia, costumbre o actitud de la persona, y que al ser cuestionados pueden afectar su vanidad. Todo el proceso debe manejarse con mucho tacto y diplomacia, y los cambios que haya que realizar deben asumirse con disciplina y mente abierta.

Una verdadera asesoría de imagen va mucho más allá de un cambio del color de pelo, el tono del lápiz de labios o un nuevo vestuario. Cualquier modificación externa es, sin duda, un reflejo de una actitud que primero se adopta en el interior.

Basado en el respeto, el asesor debe aclararle a la persona que no cambiará nada de su apariencia sin su consentimiento. El trabajo del profesional en este campo debe redundar en apoyo y ayuda, empezando por resaltar los aspectos positivos de la persona, para después entrar a analizar aquello que merece ser modificado o mejorado en función de la imagen que se quiere proyectar.

Para lograr una imagen que impacte y alcanzar las metas deseadas, hay que destacar lo que tiene de único y singular cada persona. No se trata exclusivamente de tener gran estatura o medidas perfectas. Una imagen impactante se puede lograr con unas facciones exóticas, un pelo saludable y bien cuidado, una vestimenta adecuada a la manera de pensar y a la actividad personal, con refinamiento para saber elegir accesorios que adornen la figura sin llamar demasiado la atención, y con una manera de hablar y de dirigirse a los demás que refleje conocimiento, respeto, humor y dominio público, sin ostentación ni extravagancia.

Hacer caso omiso del tema de la imagen es prácticamente imposible. Aunque no nos percatemos de ella, otros califican nuestra apariencia. Por eso, el impacto y las repercusiones de una imagen personal cuidadosamente diseñada, opuesta a otra dejada al azar, han sido objeto de estudio por muchos especialistas en este tema, como Emily Post y Jacqueline Thompson.

Por su parte, el mexicano Víctor Gordoa, en su libro *El poder de la imagen pública,* sostiene que el 83 por ciento de las decisiones se toman por los ojos. Es decir, la primera impresión que tenemos parte de lo que vemos.

En mi concepto, esta es la calificación que corresponde a la primera impresión: físico 80 por ciento; postura, expresión facial y movimientos corporales 15 por ciento; y comunicación verbal 5 por ciento. Es decir, en un primer contacto prima lo que está a la vista, antes que la formación profesional, la capacidad oratoria o la agudeza de pensamiento.

APLICACIÓN DE LA TEORÍA DEL COLOR

Cualquier cambio de vestuario, maquillaje o tintura de pelo que adopte una persona, debe estar precedido de un análisis del color de su piel, de sus ojos y de su pelo, para luego establecer la paleta de colores que resalta su belleza natural.

El punto de partida de ese análisis es la teoría del color, que señala como primarios: el amarillo, el azul y el rojo, colores que al mezclarse con morado sufren una mutación. Teniendo esto en cuenta, el estudioso del tema Albert H. Munsell describe cómo esta mezcla origina colores con dos tonalidades: amarilla o azul, y dos intensidades: fuerte o pastel.

TONOS DE PIEL

BLANCA

AMARILLA

TRIGUEÑA

ACEITUNA

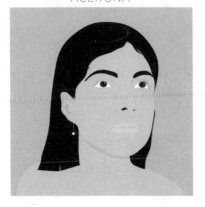

NEGRA

LA PIEL

La piel es el órgano más extenso que poseemos. Según el color, se clasifica en blanca, trigueña, aceituna o de origen hindú, amarilla u oriental y negra o de ascendente africano.

La tonalidad de la piel se analiza, mirándose las venas situadas detrás de la muñeca:

Si son azules, corresponden al tono azul.

Si son verdes, al tono amarillo.

Otra manera de descubrir la tonalidad natural es observando cómo reacciona la piel ante el sol.

Si se dora y se broncea, es amarilla. Si se quema, se enrojece y pronto vuelve a quedar del color inicial, es azul.

EL PELO

Puede ser rubio, castaño o negro. Si se aclara con el sol, su tonalidad es amarilla. Si afianza su color, brillando bajo el sol con visos rojos o azules, su tonalidad es azul. Siguiendo estos parámetros se deduce el color de la tintura que le conviene a cada uno: Al pelo de tono amarillo le queda bien una tintura que lo haga ver totalmente rubio o con iluminaciones. Al pelo de tono azul le sientan las tinturas negras, rojizas o de tonos cafés.

LOS OJOS

Para determinar el color, la intensidad y la tonalidad de los ojos, hay que tener en cuenta lo siguiente: Si cambian de color, su tono es amarillo. Si conservan siempre el mismo color, su tono es azul. Si son muy claros y no está enmarcada su parte redonda con un color que lo separe del iris, su intensidad es pastel. Si la parte redonda está claramente demarcada, su intensidad es fuerte.

Ejemplo: en una persona de ojos azules, piel y pelo de tonalidad amarilla, impera el tono amarillo. Si, al contrario, la tonalidad característica de estas tres partes es azul, su tono es azul. Al utilizar los colores compatibles con nuestra tonalidad, se resaltan las cualidades, de lo contrario se notan más los defectos. Lo importante es que cada persona respete sus aspectos individuales y aprenda a administrar sus propios recursos, resaltando sus fortalezas y disimulando sus carencias.

COLORES FRÍOS, COLORES CÁLIDOS

Todos los colores tienen dos tonos: amarillo y azul, excepto el blanco y el negro, que solamente tienen el segundo, convirtiéndose así en los colores fríos más importantes de la paleta. Les siguen todos los amarillos claros, como el pollito; los rosados, lilas, fucsias, rojos de tipo español, morados, vino tintos, grises, verdes botella o pino y obviamente todos los azules, desde el azul bebé hasta el turquí, y los grises, desde el pastel hasta el plata.

Esta teoría se extiende a los metales, piedras, cueros y maderas compatibles con los colores fríos.

Metales: platino, oro blanco, plata y estaño.

Piedras: ágata, aguamarina, amatista, cuarzo, diamante, ojo de tigre, granate, zafiro, rubí, ónix, lapislázuli, turquesa de Centroamérica y perlas, que poseen la peculiaridad de tomar el tono de la piel de la persona que las lleva.

Cueros: gamuza o cuero negro, azul, vino tinto o gris, para el día. Ante o charol en los mismos colores, para la noche. Plateado para ceremonia.

Maderas: caoba, flor morado, nogal, roble y pino.

Los colores cálidos o de tono ámbar se denominan en Colombia "colores de la tierra", dado que son los propios de la naturaleza, plantas, ríos y montañas de nuestro país. Entre ellos se cuentan: mostaza, naranja, rojo anaranjado, coral, terracota, *beige* (en reemplazo del blanco), verdes y café (que sustituye al negro).

Ejemplo: Una persona de tono amarillo debe evitar usar algo negro cerca de la cara. Si insiste en vestirse de ese color, para resaltar al máximo su apariencia y ser el centro de todas las miradas debe ponerse una bufanda o un chal de uno de sus colores afines más destacados, denominados "brillantes", como naranja, amarillo perico o verde esmeralda, mientras que una persona de tonalidad azul debe optar por rosado, fucsia o azul pavo.

Los metales, piedras, cueros y maderas que combinan con los colores cálidos son:

Metales: oro amarillo, bronce, cobre, coral y zinc.

Piedras: topacio, esmeralda gota de aceite, turmalina, turquesa fina de Oriente y perlas.

Cueros: gamuza y cuero color natural, *beige*, café, *cognac*, miel. Para recepciones elegantes: café y dorado.

Maderas: amarillo, ébano, bambú, guayacán y guadua.

MAQUILLAJE SEGÚN EL TONO DOMINANTE

Personas de tonalidad azul: rimel negro, sombras grises, azules, rosadas y lilas; lápiz de labios y rubor, desde rosados hasta rojos. A partir de la seis de la tarde se puede enfatizar el color con una sombra plateada en el párpado inferior, cerca al ojo, y delinear por dentro del ojo con lápiz azul oscuro o blanco. Encima del lápiz de labios se aplica brillo rosado o rojo, dependiendo de si el color escogido es pastel o fuerte.

Personas de tonalidad amarilla: evitar rimel, sombras y delineador negros. Preferir rimel café, sombras *beige*, cafés, verdes o gris perla. En la noche se pueden acentuar los mismos colores en ojos y labios, con sombra y brillo dorados, pero no nacarados porque resecan la piel. El rubor y el lápiz de labios lucen maravillosos en colores naranja, coral o terracota. Por la noche se realza el maquillaje, aplicando discretamente dorado en el párpado inferior, cerca al ojo, y delineando por dentro del ojo con lápiz verde. En casos especiales se pueden aplicar unas gotas de colirio azul, para que los ojos brillen y exhiban su mejor tono.

COLORES DEL PELO

Personas que tengan piel, ojos y pelo de tonalidad azul, o dos de los tres. Cuando se desea cambiar el color del pelo, lo cual se vuelve imperativo al aparecer las canas, se deben escoger colores afines al tono azul: castaño natural, castaño claro, castaño oscuro, castaño claro cenizo. Y en colores más lanzados: rojo caoba, malvas o rojos intensos.

Si se quiere que las canas luzcan plateadas, como rayitos o mechones, aplicarse primero rubio claro y luego rubio mediano. Para lograr un plateado total se aplica color plata.

Personas con piel, pelo y ojos de tonalidad amarilla, o dos de los tres. En la mayoría de los casos existe la tendencia a querer aclarar el color para recuperar el tono rubio que se tenía en la niñez. Se logra mezclando tintura de color rubio claro natural con cenizo natural, nunca tonos cobrizos o rojizos porque se vuelven anaranjados.

Si se tiene color de pelo castaño y se quiere dar una apariencia muy natural, se aplican tinturas en tonos miel. Si se prefiere el pelo rubio, se aplica color dorado.

Cambios bruscos: muchas veces nos da por cambiar drásticamente el color del pelo y pasamos exactamente al opuesto, por ejemplo, tenemos el pelo de tono amarillo y tomamos la decisión, generalmente precipitada, de pintarlo de negro. En general, esto ocurre cuando hemos tenido un problema sentimental porque es una característica femenina creer que la pena disminuye al hacer un cambio radical. Otro caso muy común es el de artistas de la farándula, como Madona o Shakira, a quienes les encanta cambiarse el color del pelo constantemente.

Si la tonalidad del pelo es amarilla y se ha pintado de negro, recobrar el color natural es un proceso lento que requiere grandes dosis de paciencia en el cumplimiento de los siguientes pasos:

Comenzar a bajar los tonos rojos, haciéndose algunas iluminaciones o rayitos.

Al cabo de un mes, después de haberse tratado el pelo con crema revitalizadora, hacerse mechones cobrizos.

Un mes más tarde, retocar los mismos mechones con tonos miel.

Si la tonalidad del pelo es amarilla y se ha pintado de rojo o tonos rojizos, el proceso para eliminarlos es el siguiente:

Llenar la cabeza de iluminaciones en tonos miel, aplicados en mechones muy finos y hacerse masajes semanales con crema para revitalizar.

Al mes siguiente, hacerse los mismos mechones finos, pero en dos colores: rubio claro y rubio cenizo.

Si la tonalidad natural del pelo es azul y se ha pintado totalmente de rubio, o sea del tono opuesto, y se quiere recobrar el color natural, el proceso es el siguiente:

Lo primero es aplicar castaño natural, para impedir que luzca quemado, dada su tendencia a verse azul. Durante el mes siguiente es importante acondicionarlo para contrarrestar la resequedad.

El segundo mes aplicar castaño oscuro para emparejar el color.

Al siguiente mes aplicar negro, pero debe tenerse en cuenta que en lo sucesivo el pelo va a tender a volverse rubio, por lo cual se comienza a aplicar la tintura donde aparecen visos más claros y luego en el resto del pelo.

COLORES DEL VESTUARIO

Cada persona tiene colores preferidos, los cuales poseen la peculiaridad de hacernos sentir bien y cuando los usamos recibimos elogios, lo cual nos hace pensar que nos traen buena suerte, pero, sin lugar a dudas, se trata de colores que poseen el tono que nos caracteriza.

A continuación, una guía muy simple para aprovechar al máximo los beneficios que nos proporciona el color.

Cuando predomina la tonalidad azul, en la piel, los ojos y el pelo, o en dos de ellos, como en el caso de la áctriz Jennifer López, prototipo de la mujer latina, o en el de la reina Rania de Jordania, los colores acordes son el blanco y el negro, usándolos por separado, ambos al mismo tiempo o como complemento o color de contraste, para combinar con colores diferentes a los del tono natural.

Un vestido negro puede acompañarse con accesorios de cuero negro. Si es de noche, para una ocasión formal, en cuero plateado, como unas sandalias o una cartera. Los accesorios metálicos pueden ser en oro blanco, plata o platino, diamantes, esmeraldas gota de aceite, rubíes, zafiros, granates o lapislázuli. Para el trabajo puede ser un sastre color vino tinto, combinado con una blusa rosada, amarilla limón o gris. Zapatos color cereza, cartera negra o azul oscura y accesorios de plata.

En clima medio se puede usar un vestido color azul hielo, con manga un poco más abajo del hombro, llamada "china"; zapatos grises o azules oscuros tipo zapatilla; cartera vino tinto, gris o negro, y collar de perlas.

Para viajar en avión, sastre de falda o pantalón gris con *blazer* azul rey; camisa blanca de manga larga, en algodón que no se arrugue; suéter gris o azul oscuro.

Si queremos usar un color que sabemos que no corresponde a nuestra tonalidad azul, como un conjunto café, simplemente se contrasta con un top blanco, rosado, azul cielo o amarillo pollito, lo mismo que con una pañoleta o un chal. Lo importante es que el color que quede cerca de la cara posea nuestro tono.

En los accesorios podemos llevar colores que no se ajusten a nuestra tonalidad natural, acentuando nuestros colores característicos en el maquillaje.

Cuando predomina la tonalidad amarilla en piel, ojos y pelo, o en dos de ellos, como es el caso de Nicole Kidman, cálida pastel; de la actriz Julia Roberts y de la modelo Cindy Crawford, las dos cálidas fuertes, los colores básicos de la carta son: *beige*, café chocolatina, que contiene una mezcla de amarillo; todos los verdes menos el pino; rojo con tinte naranja, azul hortensia y gris aperlado, entre otros.

Para ir al trabajo, por ejemplo, se puede usar un traje de falda o pantalón beige; *top*, blusa o suéter café; zapatos y cartera *beige* o color miel, pero nunca más claros que el tono del dobladillo; aretes y collar dorados.

Para un día muy importante conviene vestirse de arriba abajo con los colores propios del tono natural.

En clima medio puede llevarse un vestido camisero de lino verde esmeralda; zapatos y cartera cafés; aretes y collar de perlas.

Para viajar en automóvil: pantalón de tela caqui con camisa compañera y camiseta habana debajo; zapatos mocasines color miel, con cartera de cuero compañera o color natural y suéter de lana cruda o virgen.

Para viajar en avión: sastre color tabaco con blusa camisera de algodón *stretch* y manga larga, color amarillo mostaza; accesorios de cuero café; aretes y collar de oro; chal o *pashmina* color *beige*, banano, amarillo o café.

Vestidos de cóctel y de gala, que vayan desde los sepias hasta los dorados, pasando por turquesa, naranja y verde esmeralda de tono amarillo, en trajes largos.

Al asistir a una boda no se debe vestir de blanco, para no competir con la novia, ni de negro porque se considera de mal augurio. Si solamente se tienen trajes negros, la manera de usarlos es haciendo contraste con un *top*, una blusa o un chal que tenga los colores brillantes de nuestra gama, cuya característica es destacar al máximo nuestras cualidades y atraer hacia nosotros todas las miradas. El negro pasa a segundo plano, cuando el color que está cerca de la cara es naranja, turquesa de tono amarillo o verde esmeralda.

Si debemos vestirnos con colores contrarios a nuestra tonalidad amarilla predominante, por ejemplo al tener que usar un uniforme azul turquí, con blusa blanca y accesorios negros, es necesario enfatizar los tonos que nos favorecen en el maquillaje y en los accesorios metálicos, o sea los aretes y el collar, y si es posible, iluminarse el pelo con algunos rayitos de tono amarillo.

EL COLOR SEGÚN
EL TONO DE OJO

COLOR FRÍO
TONO AZUL FUERTE

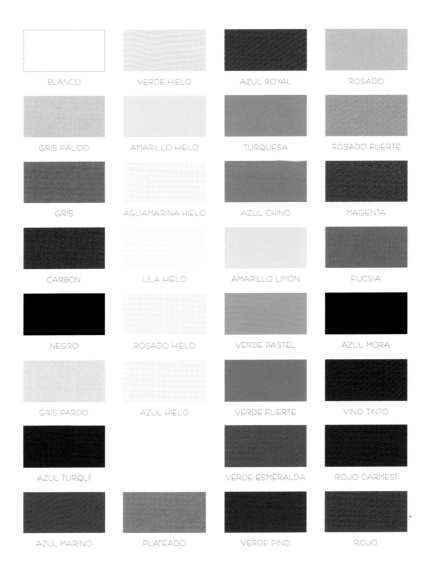

BLANCO	VERDE HIELO	AZUL ROYAL	ROSADO
GRIS PÁLIDO	AMARILLO HIELO	TURQUESA	ROSADO FUERTE
GRIS	AGUAMARINA HIELO	AZUL CHINO	MAGENTA
CARBÓN	LILA HIELO	AMARILLO LIMÓN	FUCSIA
NEGRO	ROSADO HIELO	VERDE PASTEL	AZUL MORA
GRIS PARDO	AZUL HIELO	VERDE FUERTE	VINO TINTO
AZUL TURQUÍ		VERDE ESMERALDA	ROJO CARMESÍ
AZUL MARINO	PLATEADO	VERDE PINO	ROJO

COLOR FRÍO
TONO AZUL PASTEL

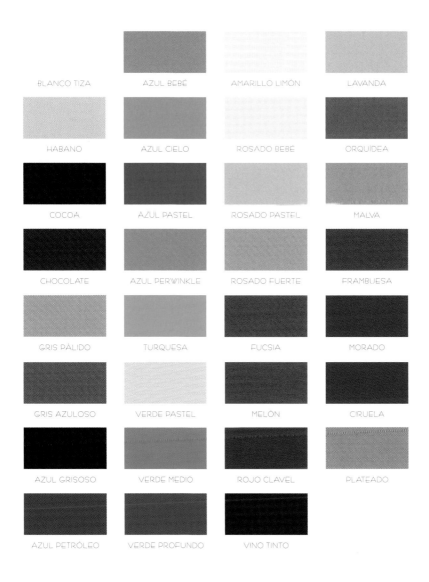

BLANCO TIZA   AZUL BEBÉ   AMARILLO LIMÓN   LAVANDA

HABANO   AZUL CIELO   ROSADO BEBÉ   ORQUÍDEA

COCOA   AZUL PASTEL   ROSADO PASTEL   MALVA

CHOCOLATE   AZUL PERWINKLE   ROSADO FUERTE   FRAMBUESA

GRIS PÁLIDO   TURQUESA   FUCSIA   MORADO

GRIS AZULOSO   VERDE PASTEL   MELÓN   CIRUELA

AZUL GRISOSO   VERDE MEDIO   ROJO CLAVEL   PLATEADO

AZUL PETRÓLEO   VERDE PROFUNDO   VINO TINTO

COLOR CÁLIDO
TONO AMARILLO FUERTE

MARFIL	TRIGO	DURAZNO	VIOLETA
QUEMADO	AMARILLO BRILLANTE	SALMÓN CLARO	HORTENSIA SUAVE
BEIGE	PISTACHO	SALMÓN FUERTE	HORTENSIA FUERTE
CAMEL	VERDE HIERBA	ROSADO CÁLIDO	AZUL DEFINIDO
MIEL	VERDE ESMERALDA	FRESA	AQUA CLARO
CAFÉ TOSTADO	ALBARICOQUE	CORAL	AQUA
GRIS CÁLIDO	ANARANJADO	ROJO	TURQUESA
AZUL PAVO	ROJO NARANJA		DORADO

COLOR CÁLIDO
TONO AMARILLO PASTEL

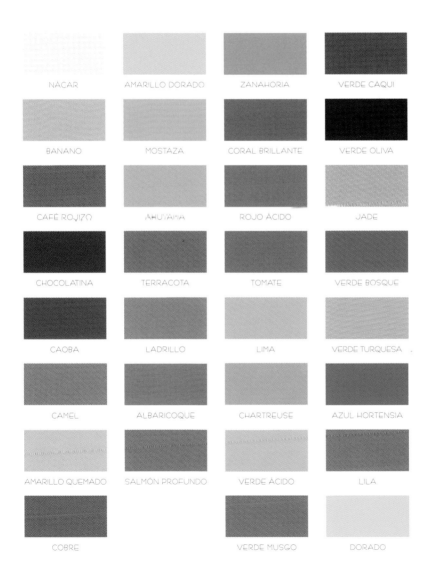

NÁCAR	AMARILLO DORADO	ZANAHORIA	VERDE CAQUI
BANANO	MOSTAZA	CORAL BRILLANTE	VERDE OLIVA
CAFÉ ROJIZO	AHUMADA	ROJO ÁCIDO	JADE
CHOCOLATINA	TERRACOTA	TOMATE	VERDE BOSQUE
CAOBA	LADRILLO	LIMA	VERDE TURQUESA
CAMEL	ALBARICOQUE	CHARTREUSE	AZUL HORTENSIA
AMARILLO QUEMADO	SALMÓN PROFUNDO	VERDE ÁCIDO	LILA
COBRE		VERDE MUSGO	DORADO

COLOR FRÍO TONO AZUL PASTEL

COLOR FRÍO TONO AZUL FUERTE

COLOR CÁLIDO TONO AMARILLO PASTEL

COLOR CÁLIDO TONO AMARILLO FUERTE

❦ VENTAJAS FEMENINAS ❦

Las mujeres cuentan con más elementos para resaltar sus atributos naturales, que los hombres. Así, en un trabajo de imagen femenina, la vestimenta, el maquillaje y los accesorios se convierten en grandes aliados, porque le imprimen carácter a la apariencia.

❦ VESTIMENTA ❦

Al escoger las prendas de vestir hay que tener en cuenta su diseño, textura y color, para lograr total armonía, sobre todo cuando se quieren ocultar algunos kilos de más o se pretende dar la impresión de mayor estatura. Los siguientes son algunos consejos prácticos para tener en cuenta.

Para adelgazar la figura y verse más alta hay que mantener una sola línea de color, vistiéndose del mismo color de arriba abajo. Por ejemplo: sastre pantalón azul, suéter de cuello alto blanco o rojo clavel, botas o zapatos azules o negros. El truco es combinar camisa, pantalón, medias y zapatos del mismo tono, con una chaqueta de otro color. O bien, saco, pantalón, medias y zapatos del mismo color, con camisa o suéter de otro. Un buen ejemplo de una persona inteligente para vestirse es Marilyn Monroe, una mujer bajita, de caderas anchas, busto prominente y cintura pequeña, que le sacaba el mejor partido a su figura usando vestidos de una sola pieza, color pastel, de acuerdo con su tonalidad azul pastel, y zapatos del mismo color del vestido, estilo zapatilla y tacón promedio. Cuando llevaba *jeans*, los acompañaba con blusas camiseras blancas estilo masculino, puños arremangados, cuello levantado atrás y el primer botón abierto, luciendo muy sexy.

Para estilizar la figura, otra opción es vestirse siguiendo la línea de color por debajo. Por ejemplo, *blazer* rojo, blusa o top negro, falda o pantalón negro, zapatos con medias negras o botines negros. En clima cálido podemos vestirnos de blanco hasta los zapatos, teniendo en cuenta que entre más claro sea el color, el material es más exigente, porque cualquier defecto se nota más.

Para vernos más altas no es necesario usar zapatos con plataforma o tacones puntilla. El efecto se puede lograr con más sutileza y comodidad, vistiéndonos de un solo color de arriba abajo o con colores que compartan entre sí el mismo tono. Por ejemplo, vestido verde pino, medias color piel, cartera y zapatos negros, collar y aretes plateados. La actriz Audrey Hepburn, quien tenía el pelo negro, la piel blanca y los ojos cafés, los tres de tonalidad azul, supo conjugar estos principios y así es recordada por su elegancia en la película *My fair Lady*.

Para engordar la figura se usa un color de la cintura para arriba y otro color de la cintura para abajo. Por ejemplo, saco rosado con falda gris o azul oscura, zapatos azules o negros. Si la línea horizontal que marca el final del dobladillo tiene un contraste de color, la persona se ve más ancha. Una experta en vestirse bajo estos parámetros fue la ex primera dama de Estados Unidos, Jacqueline Kennedy, quien marcó símbolos como los vestidos de corte en A y el sombrero *pill box* o caja de pastillas. Sus diseñadores de cabecera siempre seguían las mismas pautas que ella supo mantener con gran elegancia toda su vida. Por eso, cada vez que hay una retrospectiva de su vestuario, tiene una influencia en la moda del momento.

Las vestimentas en capas aumentan el volumen considerablemente, es decir, cuando se ponen varias prendas, una encima de la otra, por ejemplo, un juego de sacos de lana con *blazer* y pañoleta.

Si su figura no es estilizada debe tener en cuenta el estilo, o sea el corte de las prendas. Por ejemplo, los sacos o tops pegados son muy reveladores y marcan los defectos. Prefiera prendas sueltas, que caigan demarcando sutilmente el cuerpo, sin quedar apretadas ni muy ceñidas.

Si se tiene sobrepeso en la espalda, al nivel de la cintura, lo mejor es escoger blusas en V, sacos o abrigos estilo camisero, de

solapas angostas y nunca de corte cruzado. Si se quiere usar sacos de cuello alto, se cuelga encima una cadena larga y fina o una bufanda angosta; zapatos de tacón de 5 centímetros, estilo zapatilla, medias color piel o del color de la falda o el pantalón.

Cuando se tiene busto muy grande, lo adecuado es usar ropa amplia en la parte superior, vestirse con textiles livianos y ojalá de un solo color. Cualquier bolsillo o corte a la altura del busto, telas de flores, cuadros o rayas aumentan el volumen. Los escotes deben ser en V, o estilo camisero, no redondos, cuadrados ni drapeados. Si se lleva un suéter de cuello alto, la lana debe ser muy delgada y de tejido plano.

Para alargar el torso conviene usar un collar largo o una cadena fina, no muy gruesa; nunca cuellos de piel, ni bufandas alrededor del cuello.

Si las piernas son muy cortas, pesadas o gordas, hay varios trucos que se pueden emplear al vestirse.

Escoger prendas de corte recto, sin prenses, recogidos, ni pedazos de material añadidos o superpuestos al final del dobladillo. Conviene la falda de corte recto o en A, con la pretina baja o sin pretina, especie de descaderada, y el largo que cubre la rodilla. La minifalda da más volumen y atrae las miradas hacia las piernas, haciéndolas ver más cortas y pesadas, lo mismo que las medias de malla, con dibujos o brillantes. Lo ideal son las medias color piel o de colores oscuros que concuerden con la falda. Una mujer con este tipo de figura, que sabe manejarla según lo explicado, es la bella actriz francesa Catherine Deneuve.

Los zapatos deben ser estilo zapatilla, con tacones finos, de más de 5 centímetros y menos de 8 centímetros. No convienen zapatos con plataforma o punta cuadrada, ni los que tienen trabilla o correa a la altura del tobillo o encima del empeine. Tampoco los zapatos muy cerrados, con cordones, hebillas o cortes. Lo ideal es que el color del cuero sea uniforme, no combinado, por ejemplo con puntera de otro color.

Para lograr un efecto estilizado en toda la figura y no atraer la mirada hacia las piernas, se deben preferir prendas de estilo clásico que cubran la cadera. Evitar sacos o blusas cortas o entalladas, cinturones apretados o gruesos y si se puede prescindir del cinturón, mejor. Son muy sentadores los *tops*, blusas y suéteres que se puedan llevar por encima de la falda o el pantalón. Seleccionar materiales livianos, de tejido plano y, en caso de usar falda, evitar colores más claros de la cintura para abajo.

Botas con falda son permitidas, si la falda cubre el comienzo de la bota y con medias del mismo color de la bota, que no sean brillantes ni transparentes. Por ejemplo, falda roja, medias y botas negras.

Cuando se tienen las caderas anchas, las piernas cortas, la cola plana o caída y el vientre protuberante, y se quiere usar pantalones, los mejor es escogerlos de corte clásico, con el dobladillo cubriendo el zapato por detrás hasta el comienzo del tacón y descansando por delante sobre el empeine, o sea, un poco más largo atrás. El corte debe ser a ras de la cintura o un poco más abajo, sin pretina, bolsillos ni prenses tipo fuelle; la pierna de corte recto desde arriba y el ancho de la bota equivalente al ancho de la pierna, a partir de la cadera. El material debe caer sin marcar, tipo crepé, gabardina, dril, algodón peinado o lino.

Para disimular las caderas y la cola, convienen los abrigos y chaquetas que cubren la cadera, que no sean de materiales voluminosos, sino delgados o livianos, con pocos cortes y bolsillos en el diseño.

A una figura estilizada le convienen los contrastes de color en la vestimenta, las piezas con diseño y los materiales gruesos con patrones muy definidos.

ACCESORIOS

Cuando se quiere proyectar una apariencia externa determinada, la mujer cuenta con la ayuda de los accesorios: cinturones, bufandas, collares, aretes y pulseras, que son de vital importancia porque le imprimen carácter a la vestimenta.

En el ropero de toda mujer debe haber bufandas o pequeños pañuelos, gracias a los múltiples servicios que pueden prestar, ya sea anudados al cuello, a la cintura o a la cartera. Su coqueta presencia le imprime a la vestimenta un toque de color y elegancia.

Si en usted prima el amarillo, le sientan los accesorios de colores tierra, verde, naranja, amarillo y estampados de tigre y cebra.

Si en usted prima el tono azul, prefiera blanco, negro, azul, rojo, cereza, vino tinto, etc...

Tampoco pueden faltar los cinturones, accesorio ideal para realzar un vestido y demarcar las curvas femeninas, aportando un elemento con gran contenido de moda. Deben escogerse según el tono de piel de la persona y de acuerdo con las joyas o la bisutería que vaya a usar.

En cuanto a joyas, lo ideal es usar un solo par de aretes, no más de dos anillos en cada mano y una sola pulsera en la misma mano del reloj, teniendo en cuenta que la regla de oro de la elegancia es llevar pocos pero buenos accesorios.

ZAPATOS

Tan importantes como la corbata en los hombres, los zapatos sellan la vestimenta femenina, dándole un toque mágico o arruinando la apariencia.

Para algunos son símbolo de estatus; para otros, un elemento que permite a la mujer expresar su feminidad. Evidentemente, los zapatos de tacón son un gran aliado de la mujer que quiere verse elegante, femenina y estilizada y, sin duda, al llevarlos su actitud cambia, porque debe caminar con pasos cortos, subir y bajar las escaleras sin apoyar el tacón y sentarse con las piernas juntas, en línea diagonal. Sin embargo, escogerlos bien no es fácil, porque existe la tendencia a comprar los zapatos más bonitos, modernos o elegantes, sin tener en cuenta su comodidad y, finalmente, terminan archivados en el fondo del clóset.

A la hora de comprar zapatos vale la pena gastar un poco más del dinero presupuestado, si encuentra un par bonito, fino y tan cómodo como un guante, que combine con el resto de su vestuario y se ciña a los siguientes parámetros:

Los zapatos femeninos deben ser más oscuros o del mismo color, tono e intensidad de la vestimenta.

Los zapatos de tacón son el complemento ideal de los vestidos de cóctel y de baile.

En el caso de los hombres, los vestidos de etiqueta deben acompañarse con zapatos estilo zapatilla, de cuero brillante o de ante y siempre de amarrar.

CARTERA

Accesorio imprescindible en el vestuario femenino. Hasta hace pocos años, se usaba que su color y material combinara con los zapatos y el cinturón. Hoy en día, con tal de que salga con los colores y el estilo del vestuario, está bien. Así, puede usarse una cartera *beige* con zapatos café, sastre *beige* y cinturón café.

Hay que diferenciar entre cartera y bolso. La cartera es estructurada con una forma que permanece fija, porque contiene una armadura interna que le impide perder la horma. Formal y duradera, se ha mantenido vigente durante toda la historia de la moda como un implemento característico del vestuario femenino.

El bolso no conserva una forma determinada, le caben más cosas y es ideal para vestimentas informales.

Al seleccionar la cartera o el bolso, conviene tener en cuenta las siguientes recomendaciones.

Examinar el interior, mirar si tiene suficiente espacio para guardar lo que siempre llevamos con nosotras o lo que se requiere para una ocasión especial. Fijarse en el forro, los compartimientos, los bolsillos, las cremalleras y revisar qué tan seguros son. El tamaño debe ser proporcional a la persona que lleva la cartera: una mujer bajita con una cartera demasiado grande, se ve desproporcionada.

Las carteras de noche deben ser pequeñas, apenas para que quepan las llaves, un perfumero, una peinilla y el lápiz de labios. Se usan de ante, cinta, falla o terciopelo, y en caso de recepciones con vestido de gala, pueden ser de pedrería, lamé o bordadas.

El peso es determinante porque si es pesada estando desocupada, se volverá imposible de llevar cuando esté llena, aparte de que puede lesionar la espalda. El material, preferiblemente, debe ser cuero puro, ante, gamuza o charol. Aunque cueste más, garantiza que va durar, es más fácil de conservar y de limpiar, y le imprime un toque de elegancia a la vestimenta.

Los colores que no deben faltar son: negro, café, azul y *beige*. Tener carteras de otros colores es opcional.

Se considera muy elegante una cartera de cuero de reptil, del cual se hacen imitaciones muy parecidas al original.

El cierre debe ser seguro y fácil de usar. Las carteras abiertas constituyen un riesgo, pues cualquier persona puede sustraer algo de su interior.

El diseño más popular para uso diario es la cartera de colgar en el hombro. Se debe llevar al lado izquierdo y el largo de la correa debe suspenderla a la altura de la cintura, para que parezca que pertenece al atuendo y para poder acercarla al cuerpo sin que incomode, por motivos de seguridad. Las hay de todas clases, desde las pequeñas tipo sobre, hasta las de cono sin manijas, que son las más elegantes.

Para proteger la forma y el material, las carteras se rellenan con papel de seda y se guardan en bolsas de algodón, tipo bayetilla, al tamaño de cada una, con un dobladillo en la parte superior para introducir un cordón que permita cerrarla.

Las carteras de ante o gamuza se cepillan antes de guardarlas o se mandan a lavar en sitios especializados. Las carteras de cuero o charol se frotan con una bayetilla.

Si se raya el cuero o se pelan los bordes, se puede pintar con un lápiz marcador del mismo color. Si se rompe la correa o se daña el herraje, pueden mandarse arreglar en donde se compró la cartera o enviarla a una persona experta en marroquinería. Nunca se debe guardar una cartera que necesite limpieza o reparación.

La marca es tan importante que cuando se ha tenido la suerte de encontrar una que nos acomode y nos dure, vale la pena seguir identificándonos con ella.

La calidad está relacionada con el precio. Escoger una cartera con logotipo o sin él, es cuestión de gustos, pero vale la pena invertir en una buena cartera, que dure bastante, sea el accesorio que le imprima un toque perfecto al atuendo y pueda conservarse mucho tiempo.

ANTEOJOS

La industria de la moda le ha prestado tanta atención a los anteojos que se han convertido en la expresión de una tendencia del momento. Si se saben escoger, pueden imprimirle al vestido un toque único muy personal; de lo contrario se corre el riesgo de opacar las cualidades del rostro.

OVALADA

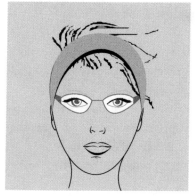

LARGA

CUADRADA

REDONDA

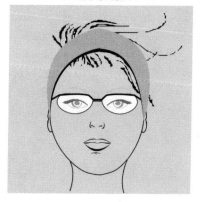

DIAMANTE ABAJO, REDONDA
O CUADRADA ARRIBA

DIAMANTE ARRIBA
Y ABAJO

Para elegir unos anteojos cuya montura complemente sus rasgos faciales, en lugar de desfigurarlos, debe partir de la forma del óvalo de su cara.

Cara ovalada: puede llevar gafas de la forma que quiera, siempre y cuando no le tapen demasiado el rostro, ni le cubran las cejas.

Cara larga: le conviene una montura que combine con el tono de su piel, de forma rectangular o cuadrada y preferiblemente de pasta, pues son delgadas pero no tanto como las metálicas, que impiden aprovechar la oportunidad de acortar el óvalo facial.

Cara cuadrada y redonda: se benefician con monturas ovaladas y delgadas; en plateado, si la piel es de color frío, o en dorado para pieles cálidas.

Cara terminada en forma de diamante: como el plano intermedio del rostro es ancho, le convienen las monturas ovaladas.

Las gafas oscuras se usan de día y en el exterior, nunca de noche, porque dan la impresión de estarse escondiendo.

RUTINA DE BELLEZA Y MAQUILLAJE

El maquillaje es un complemento de la belleza femenina, no una máscara. Se usa para acentuar los rasgos positivos y disimular los negativos, gran principio de la imagen, pero no puede ser obvio o tan notorio que empiecen a llamarla, por ejemplo, "la señora del delineador rojo".

Una mujer que puede servirnos de ejemplo, porque ha sabido aprovechar esta ayuda que brinda el maquillaje, sabiéndolo llevar y adecuar a su edad, es la actriz italiana Sofía Loren, quien a través de los años ha conservado su estilo y siempre luce unos ojos espectaculares y una cara impactante.

Como ella, aprovechemos los beneficios del maquillaje al máximo, a través de los siguientes pasos:

LIMPIEZA

La piel se debe limpiar dos veces al día, por la mañana cuando nos levantamos y por la noche cuando debe hacerse una limpieza más profunda para retirar las impurezas que la piel acumula durante el día. Se comienza en el área de los ojos, la más delicada del cuerpo, limpiando el maquillaje encima y debajo de los párpados, con los algodones denominados "pomos", que se humedecen con agua mineral y unas gotas de aceite de almendras, y se usan por ambos lados, con movimientos circulares, en sentido inverso a la forma como se extienden las arrugas. Luego, con las manos impecables, se aplica crema limpiadora en forma de puntos, comenzando por el cuello, uno al lado del otro, y siguiendo con la barbilla y las mejillas. Con masajes circulares se extiende el producto de abajo hacia arriba, hasta cubrir totalmente la cara y extender hacia la nariz. Después se retira con dos pomos de algodón húmedos y se repasa con un algodón impregnado con tónico, si la piel es normal o seca, y con un astringente si es grasosa. También se pasa por los ojos para retirar cualquier residuo.

HUMECTACIÓN

La crema humectante se convierte en una "segunda piel" que cubre completamente el rostro. Se aplica con movimientos circulares, desde la base del cuello hasta la frente. El área de los ojos requiere una crema especial, que debe untarse con el dedo anular o el meñique, debajo del ojo, de afuera hacia adentro, y encima del párpado, de la nariz hacia afuera.

BASE

Su función es darle a la piel un matiz, una apariencia sedosa, que la haga lucir perfecta. Es importante escoger una base del mismo color de la piel, que tenga la consistencia adecuada.

El color se descubre probando en la parte anterior de la muñeca: si al esparcirla se confunde con el tono de la piel, esa es. Para hacer correcciones, por ejemplo, para afinar una nariz muy ancha o enmarcar unos pómulos redondos, se usa una base de un tono más oscuro. Para aumentar o destacar un rasgo se usa un tono más claro que la piel. Por ejemplo, una cara larga se acorta poniendo base oscura en la punta de la nariz y base clara a los costados del óvalo facial.

La consistencia de la base depende del tipo de piel, así: piel normal, base líquida; piel seca, base cremosa; piel grasosa, base líquida; piel mixta, base líquida en las áreas grasosas y cremosa en las secas.

La base compacta se usa sólo para lograr efectos especiales, en caso de fotografía, por ejemplo. Para el diario, por su apariencia gruesa, luce artificial y demarca las líneas de expresión.

POLVO SUELTO

Puede ser translúcido o del mismo color de la base. Nunca debe aplicarse base sin polvos o polvos sin base. Se esparce por toda la cara con la ayuda de una brocha gruesa y roma, con movimientos ascendentes, siguiendo el sentido natural de los vellos de la cara.

CEJAS

Se comienza por peinarlas hacia arriba. Si es necesario corregirlas, se estima antes su proporción, colocando un lápiz en forma de compás en la nariz: al cerrarlo deben converger la aleta de la nariz con el comienzo de la ceja; al abrirlo, el final de la misma ceja con la misma aleta. Para suavizar la expresión de la cara conviene aplicar y difuminar una sombra del mismo color de las cejas, con un pincel de punta diagonal o con lápiz, siguiendo la forma del hueso.

OJOS

El área de los ojos es la más delicada de la cara, la que más pronto se arruga y la que más se maquilla. Por esto hay que usar los productos con cuidado. Se comienza por cubrir el borde del párpado, encima de las pestañas, con una sombra mate y del color que armonice con la piel, sea *beige*, gris, rosado o natural, que mantiene la piel sin brillo ni pliegues. Sobre el párpado se difumina una sombra azul, gris o negra, si el tono de la piel es azul; café, verde o gris aperlado, si el tono es amarillo. Luego se dibuja encima una línea delgada, por fuera del ojo, a ras de las pestañas, sin llegar al lagrimal. Viene entonces la pestañina. Para que fije, se aplica primero un poco de polvos en la punta de las pestañas, dándoles más volumen, después se aplica el producto en la parte superior, de forma circular, sólo en el nacimiento de las pestañas y se pasa abajo, para aplicar individualmente. Se separan las pestañas, se peinan para quitarles el exceso de pestañina y se procede a separar las puntas hasta que se vean naturales. En ocasiones especiales, para dar brillo y claridad a la mirada, se dibuja una fina línea azul o blanca adentro del ojo.

LABIOS

Para un efecto impactante y natural se necesita un lápiz delineador, un pintalabios y brillo labial. Primero se bordean los labios con el delineador. Los pequeños pueden delinearse por fuera, los más grandes, por el interior de la línea natural. Luego se rellenan con lápiz de labios y se cubren con brillo del mismo color o natural.

RUBOR

Sólo para pieles pálidas, tono amarillo; las de tono azul, poco lo necesitan. A las pieles secas les conviene en crema, a las grasosas en polvo. Se aplica de abajo hacia arriba, del hoyo que forma la mejilla al absorber la boca hasta el comienzo de la oreja, en diagonal.

El proceso termina con polvo compacto del mismo color de la base, por ejemplo, color natural o bronceado para pieles de tono amarillo, y con tono azul para pieles frías, de esa misma tonalidad. Si es necesario, se quita el exceso de polvo con un "kleenex" y cualquier mancha de pestañina se borra con un copito de algodón.

CONTEXTURA FÍSICA

La contextura física puede ser liviana, mediana o pesada, según el tipo de huesos y la forma del cuerpo, que se divide en mesomorfa, ectomorfa y endomorfa.

Para definir el tipo de cuerpo de una persona hay que situar la mirada alrededor del contorno del pecho, a fin de establecer una relación con el contorno de la cadera.

El cuerpo mesomorfo (de las palabras griegas *mesus-mesi*: masa muscular, *y formus-formi*: forma) tiene la parte superior más voluminosa que la inferior, aumento que puede haber sido ocasionado por estimular los pectorales, dorsales, bíceps o tríceps. En este caso, la vestimenta debe ser dos tallas más grandes arriba que abajo, para adaptarse a la forma del cuerpo.

El cuerpo ectomorfo (de las palabras griegas *ectus-ecti*: línea recta) tiene las mismas medidas en la parte superior e inferior. En este caso, se lleva la misma talla arriba y abajo.

El cuerpo endomorfo (de las palabras griegas *endus-endi)* tiene formas redondeadas, reflejando que no se ha ejercitado y está con sobrepeso. En las mujeres se refleja desde el cuello hasta las rodillas, tanto adelante como atrás. En los hombres, desde la altura del pectoral hasta la pelvis, solamente en la parte delantera del cuerpo.

El desarrollo de una imagen personal no puede hacerse sin tener en cuenta el tipo de cuerpo y las características del rostro.

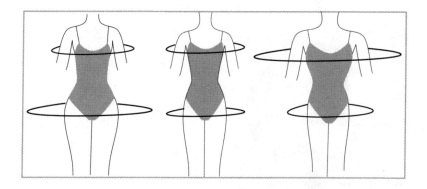

A los tres tipos de contextura física enunciados, se suman seis tipos de óvalos faciales —que se traducen en cara ovalada, larga, cuadrada, redonda, cuadrada arriba y diamante abajo, redonda arriba y diamante abajo— según veremos en detalle más adelante.

Para escoger el vestido que conviene a cada cuerpo es fundamental seleccionar los materiales de acuerdo con el tono de piel, la circunstancia y el clima. Su corte y confección requiere gran destreza. La gran diferencia la hace el largo de la chaqueta y de la falda, el corte de las prendas, los acabados, el estado en que se encuentren, la presencia o ausencia de botones, los bolsillos con tapa, sin tapa y de ojal; las aberturas del saco en la parte de atrás, en medio o a los lados. El toque final lo dan los accesorios.

Cualquier intento por aprovechar el cúmulo de recursos que se tiene a disposición, a saber: vestuario, accesorios y rutinas de arreglo personal, sólo cumplirá su cometido a cabalidad cuando la persona las utiliza con el propósito de expresar algo fundamental.

Si aprendemos a dominar el tema de saber vestirnos, estaremos cumpliendo dos objetivos: presentarnos de acuerdo con la ocasión y adquirir el perfil de la imagen del cargo que queremos ocupar.

A una persona bien presentada siempre se le abren las puertas y, de cierta manera, puede tener la certeza de que su primera impresión nunca dejará de ser la adecuada, porque estará vestida de acuerdo con su personalidad, edad, clima y ocasión.

OVALADA

TIPOS
DE
CARAS

REDONDA

CUADRADA

DIAMANTE

LARGA

Vestirse no solamente cumple una función necesaria, sino que también halaga la vanidad, punto sensible común a todas las personas que vale la pena utilizar. Así como a usted le agrada recibir cumplidos por su presentación o por un detalle específico de su arreglo o vestimenta, lo mismo sienten los demás. Póngalo en práctica y lo comprobará.

Decídase a llevar atuendos de aceptación general y se sentirá a gusto en todas las circunstancias, con la certeza de ser siempre bien recibida y bien tratada.

EL ÓVALO FACIAL

Desde que nace hasta que muere, cada persona conserva la forma de su óvalo facial, que encaja en alguno de los siguientes seis grupos: ovalado, largo, redondo, cuadrado, redondo arriba con forma de diamante abajo, cuadrado arriba con forma de diamante abajo.

Dado que se posee una estética en conjunto, tanto el peinado y el maquillaje como el vestuario y los accesorios deben complementar y no competir o distraer la atención equivocadamente. Antes de tomar una decisión acerca del peinado, la persona debe considerar los siguientes factores: el tipo de pelo que tiene, la actividad que desempeña, el clima en el cual vive, la edad y la forma de su óvalo facial.

Si analizamos nuestra cara y aprendemos a conjugar diariamente las guías descritas a continuación, al principio será un proceso y luego un acto mecánico que realizaremos sin pensar, pero siempre estaremos con la vestimenta, el peinado, el maquillaje y los accesorios adecuados.

La cara ovalada es la más armoniosa, por eso la persona puede peinarse como quiera. Todos los peinados le sientan. Sin embargo, los peinados cortos, a la altura de las orejas o el pelo recogido en cola de caballo son los que más le favorecen porque permiten apreciar su forma. El pelo muy largo y peinado con mucho volumen a los lados de la cara, no es el acertado. Todo el conjunto debe ser discreto, lo cual se logra despejando las líneas de los ángulos de la cara y destacando las cualidades naturales, incluso con el vestuario.

Los tipos de cuerpo que acompañan la cara ovalada son el ecto-morfo o el mesomorfo, de contexturas liviana o mediana, piel y pelo normales.

En cuanto a color, este tipo de rostro amerita utilizarlo al máxi-mo, ya que su físico se lo permite. Respetando su tonalidad na-tural, puede darse el gusto de usar gran variedad de colores pastel, brillantes u oscuros, con buen gusto y originalidad.

La cara larga semeja una línea vertical, con la frente y los costa-dos prolongados. Lo ideal para acortar el óvalo facial es aprove-char las ayudas estéticas que tenemos a su alrededor.

Pelo: los puntos a considerar son el copete, el largo, el volu-men y el color. Piel: con maquillaje se puede realzar el cutis, las cejas, los labios o las mejillas. Vestuario: corte o diseño, textura o tipo de material, colores y sus complementos; accesorios como collar, aretes, anteojos o pañoleta, en caso de usarla.

El largo del pelo debe sobrepasar la barbilla y caer encima de los hombros, dando volumen a los lados, mediante un corte parejo o con capas laterales y peinado hacia atrás. El peinado que conviene a la cara larga es el que disminuye el tamaño de la frente, por ejemplo un flequillo o un mechón que caiga sobre la frente. Peinados largos que rebasen la altura de los hom-bros, despejados en la frente o recogidos en cola de caballo no benefician este tipo de óvalo. Si no se pueden evitar, se puede equilibrar el conjunto con unos aretes grandes, un cuello alto o una bufanda anudada al cuello.

El vestuario también debe aprovecharse para darle volumen al rostro. Favorecen los cuellos abotonados, redondos, cuadrados; los collares estilo gargantilla o de pepas grandes; los aretes tipo candonga, redondos, cuadrados y con diseño grande. Nunca to-pos o aretes largos, a menos que sean perlas o diamantes gran-des, porque tienen la propiedad de iluminar el rostro.

Al maquillarse es muy fácil darle volumen al rostro con colores pastel o brillantes, respetando la tonalidad natural y cambiando el tono del maquillaje, de acuerdo con las prendas que se vayan a usar.

Este tipo de cara, va acompañada de piel y pelo secos, cuerpo ectomorfo y contextura liviana.

Para las caras de formas mixtas, las ayudas son fundamentales. La cara en forma de diamante arriba y abajo, o sea, muy triangular en la frente y al nivel de la barbilla, debe llevar un corte parejo, a la altura de la quijada, para dar el volumen que le falta en las mejillas.

Si la frente es cuadrada o redonda y tiene forma de diamante abajo, puede hacerse una carrera de medio lado o por la mitad y dejar el pelo suelto, de un mismo largo, hasta la barbilla. También se puede hacer un copete o mechón que baje al nivel de las orejas. No le sientan los peinados con la frente despejada o muy cortos, tampoco los muy largos ni la cola de caballo.

Las caras de forma mixta tienden a tener piel y pelo mixtos, es decir, la T grasosa (frente, nariz, barbilla) y el resto de la piel normal o seca; el pelo seco o grasoso en la raíz y al contrario en las puntas.

En cuanto al maquillaje conviene acentuar especialmente la boca, delineándola exactamente del mismo color del lápiz de labios y aplicando brillo encima.

En la vestimenta hay que dar mucho volumen alrededor del cuello, usando sacos o blusas de cuello alto y materiales gruesos, moños, lazos, collares de varias vueltas y diseños grandes, lo mismo que los aretes. Colores brillantes, de acuerdo con la tonalidad natural, como turquesa, naranja, fucsia, verde esmeralda o amarillos, como puede verse en la teoría del color.

Las caras cuadradas y redondas se corrigen igual. Siendo amplias, anchas y horizontales, se deben alargar por medio de ayudas.

Llevar el largo del pelo parejo hasta los hombros, idealmente con carrera por la mitad o de medio lado, de manera que al tocarse las puntas enfrente, se unan al nivel de la unión de los huesos de la clavícula. Por detrás, cortado un poco más arriba, para que al mirarlo de lado coincida con el largo de adelante.

Se deben evitar los flequillos, copetes, mechones en la frente, los peinados cortos o en capas, los crespos u ondulados. Las orejas siempre deben cubrirse con el pelo. El color de pelo debe estar de acuerdo con la tonalidad natural, preferiblemente oscuro.

El maquillaje debe ser tenue, que complemente pero no resalte, marcando líneas horizontales.

La ropa ideal es de materiales livianos, fondo unido, sin diseños en el material y de corte en "V" a la altura del cuello. Aretes largos que no caigan más abajo de la línea de la barbilla. Evitar candongas, topos o cualquier arete que dé volumen a los lados. Preferir cadenas o collares finos y delgados, largos hasta sobrepasar los huesos de la clavícula.

Vestuario de colores mates, pasteles u oscuros. Ojalá utilizar un sólo tono en la parte superior del cuerpo y otro en la inferior, por ejemplo: blusa blanca, rosada o lila, con falda o pantalón azul, gris o negro; medias y zapatos de los mismos colores, excepto medias negras con falda, en climas cálidos.

Diseños que alarguen la figura a nivel del cuello, o sea, que caigan, que no cubran el cuello, ni den volumen a nivel del pecho. Si se quiere llevar cuello alto, se puede balancear con la ayuda de collares o bufandas largas o con un chaleco encima estilo camisero.

Las caras cuadradas generalmente corresponden a personas con piel y el pelo secos, cuerpo mesomorfo o endomorfo y contextura ósea mediana o pesada.

Las caras redondas, por lo general tienen piel y pelo grasosos, cuerpo endomorfo y contextura pesada.

EL CLÓSET

Tan importante como poseer el vestuario adecuado es disponer de un lugar especial para guardarlo, con suficiente espacio y del tamaño justo para acomodar todas las prendas, según su diseño y su forma, distribuidas por colores, de claros a oscuros.

Los sastres. Cada saco se cuelga en el mismo gancho con la falda o pantalón compañero. Para fijarlos al gancho se cortan trozos de tela de algodón, tipo bayetilla, que sirven para proteger las pretinas y las botas. Los pantalones se cuelgan abotonados, con la cremallera subida y se fijan por la pretina, antes de colocarlos con el cierre hacia el fondo del clóset. Los pantalones se cuelgan de la bota, con la cremallera subida y abotonados, marcando el pliegue de las piernas, hasta dos por gancho. Si llevan forro se cuelgan de la pretina, lo mismo que las faldas y encima se cuelga el saco, se abotona y se colocan las mangas hacia delante, para que no se golpeen contra la puerta del clóset. Lo ideal es cubrirlos con un forro plástico que tenga una abertura lateral, para facilitar su manejo.

Las faldas. Se fijan de la pretina en ganchos con clips metálicos, sin olvidar el trozo de bayetilla para proteger el material. Si se quieren colgar en ganchos sin clips, es necesario que las faldas tengan presillas por dentro de la pretina, para colgarlas de ahí, cuidando que la pretina quede bien templada para que no se arrugue. Se pueden colgar hasta dos en cada gancho, con el cierre hacia el mismo lado.

Las blusas. Se cuelgan en ganchos individuales, de plástico o de madera, no de alambre, porque pierden la forma y si hay humedad se manchan de óxido. Se abotonan en el cuello y todas se ordenan mirando hacia el mismo lado, con las mangas hacia delante.

Los abrigos, gabardinas, chaquetas y batas levantadoras se cuelgan en ganchos de madera, todos para el mismo lado, abotonados, con las mangas hacia el frente.

Los vestidos de cóctel y de noche. Se cuelgan abotonados y para el mismo lado, en orden de colores.

Las chaquetas o abrigos de piel. No se pueden cubrir con forros plásticos ni de tela, porque deben dejarse respirar. Se cuelgan en

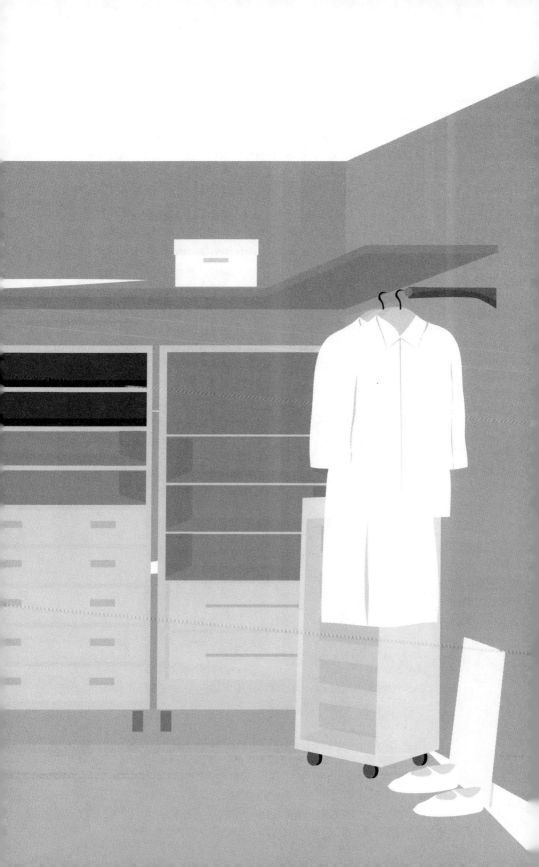

ganchos resistentes y con horma en forma de espalda, abotonados y dejando suficiente espacio entre uno y otro, para no mal-
tratarlos. Es importante ventilarlos por lo menos una vez al mes,
en un lugar donde circule el aire.

Los zapatos. Se pueden guardar alineados en el piso del clóset o
"vestier", pero lo más cómodo es disponer de estantes inclinados,
para colocarlos por pares, uno al lado del otro, con la puntera
hacia delante y por colores. Si tienen cordones, doblarlos hacia
adentro del zapato. Los zapatos no se deben guardar tan pronto se
quitan del pie. Lo ideal es colocarles una horma y llevarlos al patio
o a algún lugar en donde se puedan ventilar, brillar, embetunar o
cepillar, según el material, y luego volverlos a guardar. El mismo
par de zapatos no se debe usar todos los días. Por higiene es mejor
dejarlos reposar. Los zapatos que necesitan reparación se deben
dejar a un lado, para llevarlos a la zapatería, cambiarles la suela, las
tapas, las plantillas, las punteras o lo que requieran.

Los cinturones. Se guardan enrollados en los cajones o preferiblemente colgados de varillas, dispuestas para ese efecto en las
puertas o en las paredes de madera del clóset.

Los collares y demás accesorios colgantes. Se pueden suspen-
der de varillas colocadas adentro del clóset o de los ganchos esca-
lonados que se usan para colgar las corbatas.

Los sombreros. Si son de fieltro, lo mejor es conseguir cabezas
de icopor para que conserven su forma o guardarlos uno encima
del otro, pero lo ideal es adentro de una sombrerera, que se
consigue en los sitios especializados donde hacen cajas.

ESTANTES Y CAJONES

En los estantes se guardan las camisetas, los sacos, los chales y
pashminas, todos doblados del mismo ancho, alineados por colores, unos encima de otros.

En cuanto a los cajones, hay que destinar uno para guardar la
ropa interior y las medias. Cada prenda de ropa interior se

guarda individualmente en una pequeña bolsa de plástico hermético: camisetas, sostenes, pantalones y camisetas. Se distribuyen alineados por colores, de manera que sean visibles y fáciles de sacar. Las medias se guardan enrolladas, de manera que se puedan ver todas en poco espacio y sea cómodo ordenarlas y sacarlas. Si son gruesas, no debe meterse una adentro de la otra, porque se destemplan los resortes.

Otro cajón debe destinarse para las camisas de dormir y las piyamas.

Las pañoletas se guardan dobladas, conservando los pliegues originales, de forma cuadrada o rectangular, entre bolsas de plástico herméticas y transparentes, una encima de la otra.

ACCESORIOS

Forros de plástico, que se mandan a hacer según el tamaño y el diseño de las prendas: amplios y largos para los sastres con pantalón, más cortos para los sastres con falda, angostos para los pantalones, etc. Para evitar que se abran, se manda sellar con hiladillo la parte correspondiente al cuello y la abertura por donde entra y sale la mano, para colgar y descolgar la prenda.

Ganchos de madera para los abrigos, las chaquetas y los sastres, con clips o varilla para fijar la pretina.

Ganchos forrados en seda para las blusas.

Ganchos de plástico para faldas y pantalones, preferiblemente con clips.

Bolsas de bayetilla de algodón del tamaño de las carteras, con un cordón para cerrarlas.

Bolsas plásticas transparentes, pequeñas, con cierre hermético, para guardar individualmente la ropa interior: pantalones y sostenes; y bolsas más grandes transparentes para guardar las pañoletas.

Hormas pequeñas para los zapatos y hormas largas y tubulares para las botas. Si no se tienen, se puede rellenar los zapatos con papel, no periódico, para alisar los quiebres producidos por el uso.

Semanalmente el clóset se debe limpiar y aspirar, ocasión que también se aprovecha para brillar los zapatos que hace algún tiempo no se usan y para ventilar los espacios que permanecen cerrados. En caso de humedad, se consiguen aparatos de aire seco que la controlan.

Para mantener la química personal se pueden colocar entre el clóset pequeñas bolsas con hojas secas *pot-pourri*, impregnadas con la colonia o el perfume que usemos o rociar periódicamente el clóset con la misma fragancia.

Nunca se debe guardar la ropa que uno se acaba de quitar, con la que está guardada. Lo que hay que lavar, se separa para hacerlo, lo demás se cuelga en ganchos y se saca a ventilar. Antes de volverla a guardar hay que revisar que esté limpia, planchada y en perfecto estado. La ropa que está guardada debe estar lista para ser usada.

Es importante dejar espacios por donde circule el aire entre las prendas colgadas, así se evitan arrugas y se protegen los materiales, por ejemplo, la gamuza se puede pelar al friccionarse con otra prenda.

Para que cada persona tenga un profundo conocimiento de lo que hay en su guardarropa, cada uno debe colgar, doblar y guardar lo suyo, ubicar en sus respectivos ganchos lo que llegue de la lavandería o de donde la costurera.

La ropa y su manejo es responsabilidad de quien la usa.

Cada persona debe lavar su ropa interior, incluyendo medias y algunas prendas delicadas, como los sacos de cachemir.

Si se quiere tener un guardarropa adecuado, hay que contar con la ayuda y asesoría de una profesional en costura, que se encargue de los arreglos, reformas y confección de ciertas prendas.

En caso de viajes frecuentes, se hacen listas con las vestimentas, según la ocasión y el clima, y se actualizan al regreso de cada viaje.

Hacer inventario es una disciplina que ayuda a revisar lo que se tiene y lo que se necesita adquirir, para renovar o completar el vestuario. Al adquirir algo, vale la pena pensar que se está reemplazando otra prenda, de la cual se debe prescindir. De lo contrario, se va acumulando ropa que nunca se vuelve a usar. Para tal efecto, hay muchas personas de nuestra misma talla que felizmente pueden hacer buen uso de ella.

PARA LUCIR IMPACTANTE

Emprender un proceso de cambio de imagen no supone ser esclavo de las formas ni de la moda. ¡Aprenda a utilizarlas en beneficio propio!

Elija lo que le queda bien y no lo que le gusta, pero no favorece la imagen personal que desea proyectar.

Si quiere cambiar de imagen, sométase a un análisis de autovaloración, pues la parte externa refleja lo que ocurre en su interior.

Tenga fe y confianza para aceptar las sugerencias planteadas por una consultora de imagen.

Después de haber pasado por un estudio de imagen, no perderá tiempo ni dinero a la hora de comprar, pues adquirirá solamente aquello que favorece la apariencia que ha logrado.

La ropa interior es tan importante como la exterior. Los colores indicados son blanco, negro y piel. Cómprela de acuerdo con su tipo de cuerpo:

Busto en forma de pirámide, con base triangular que termina en ángulo agudo: brasier de copa lisa, abrochado adelante.

Busto separado, con base grande y parte superior pequeña: brasier de media copa, con base de protección de alambre.

Busto redondo y abundante: brasier de copa completa.

Los calzones deben tener un tamaño proporcional al área que se quiere cubrir.

Como el vestuario es el entorno más íntimo del ser, lo que usted luzca influye en su vida y refleja su modo de ser, su origen y su trabajo.

Si quiere sentirse en armonía con la gente que conoce, los lugares que visita y las actividades que lleva a cabo, analice la energía que irradia su apariencia y refléjela.

La vestimenta posee un lenguaje tácito que se transmite a través del color, el material, la textura, el diseño y la silueta que se proyecta.

Quiera lo que escoge y use lo que le gusta, conformando un vestuario ideal, que alegre su corazón y transmita positivismo.

Al escoger su ropa y accesorios, anteponga los conceptos de seguridad y confort.

Permita que su atuendo sea una expresión suya. Construya un estilo personal que resalte sus características y exponga lo especial que hay en ellas.

Póngale la misma atención a la organización de su clóset, que a la de su oficina.

Tenga presente: la moda tiene que ver con el cuerpo, la sexualidad y el erotismo.

BUSTO REDONDO

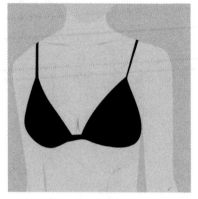

BUSTO SEPARADO

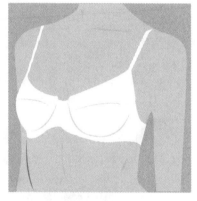

BUSTO PIRAMIDAL

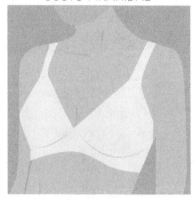

⚜IMAGEN CORPORAL⚜

A la hora de diseñar su propia imagen, pregúntese qué le gusta y qué no le gusta de su cuerpo, dando el primer paso para aceptarlo y sacarle el mejor provecho.

En un cuerpo con una imagen impactante, ningún aspecto es más importante que el conjunto.

La vestimenta, el corte de pelo o el maquillaje pueden convertirse en elementos que determinen la imagen que quiere proyectar.

El punto de partida de una imagen impactante está en los cuidados que se le prodiguen al cuerpo: alimentación suficiente y balanceada, rutina de ejercicios y descanso.

Cualquier transformación en materia de maquillaje, corte de pelo, vestuario y accesorios debe hacerse teniendo en cuenta las proporciones del cuerpo, el óvalo facial y el tono de la piel, los ojos y el pelo.

⚜PARA UNA APARIENCIA ARMÓNICA⚜

El ser humano es de costumbres. Así que después de someterse a un cambio de imagen, prepárese para recibir los comentarios de los otros, que están acostumbrados a verlo de una misma manera, buena o mala, y al notar algo diferente pueden tener sus propias opiniones al respecto y expresarlas. Por esto, los cambios de imagen deben ser graduales, para darnos tiempo de acostumbrarnos, poco a poco, y lograr que los demás también se acostumbren. Esto no significa que valga la pena permanecer con los defectos que hemos ido acumulando, sino aceptar que este proceso no es sencillo y puede llegar a generar reacciones en quienes han estado acostumbrados a vernos de una determinada forma.

La apariencia personal es como un diccionario de símbolos, que develan desde la personalidad e intereses, hasta la manera de pensar.

El rostro es pieza clave en la comunicación del mensaje, por eso su cuerpo no puede expresar una cosa y sus ojos otra. Lo mismo ocurre con el cuerpo, su lenguaje debe enfatizar lo que usted está comunicando.

Vístase adecuadamente, para la hora, el día, el lugar y la circunstancia.

Al escoger su vestimenta, tenga en cuenta que la llevará puesta por lo menos doce horas, por lo tanto debe ser cómoda, para cumplir con el objetivo de ser un complemento que refleje la armonía de la persona. De lo contrario, cualquier desatino o extravagancia puede convertirse en una falla imborrable, que estigmatice su imagen y haga que la recuerden como "la señora de los anillos", por ejemplo.

Después de reconocer que debe cambiar actitudes y hábitos de comportamiento muy arraigados, decídase a hacerlo con disciplina y perseverancia.

Debe primar lo que le queda bien, sobre lo que le gusta usar.

Las sugerencias planteadas por el profesional en imagen no son dogmas de fe, sino consejos que requieren su consentimiento.

No se justifique diciendo: "No tengo plata para poner en práctica los cambios que mi imagen requiere". Ponga a prueba su fuerza de voluntad y su tenacidad, y conviértase en la persona que quiere ser.

No se preocupe por lo que puedan pensar los demás con respecto a su cambio de imagen. Actúe convencida de lo que está haciendo.

No olvide que cualquier cambio exterior conlleva el mismo proceso intelectual y espiritual. El ser humano es un ser integral.

Su actitud puede convertirse en un ejemplo para los demás, demostrando que si se quiere lograr algo en el otro, se debe comenzar por asumirlo uno mismo.

El cambio de imagen no es temporal, debe formar parte de su vida y asumirlo como un hecho que acepta en su totalidad.

Todo cambio conlleva un crecimiento que permite abrirnos a nuevas experiencias y oportunidades.

IMAGEN EJECUTIVA

La imagen personal de la que hemos venido hablando, cobra total importancia en el mundo de los negocios. Allí cada uno de los actos de una persona es cuidadosamente evaluado por sus jefes, compañeros de trabajo, subalternos y clientes. Y lo que en un principio podía definirse como: "mi manera de mostrarme al mundo", se transforma en una postura profesional y en la manifestación de la filosofía de una compañía.

LA VIDA COTIDIANA EN EL TRABAJO

En el ámbito empresarial hay que tener en claro que ya no se habla a título personal. Cada gesto y cada palabra que se dicen, tienen sus implicaciones. Sobre todo cuando no hay una segunda oportunidad para cambiar o mejorar el mensaje que se ha transmitido en primera instancia.

La imagen ejecutiva se manifiesta cuando una persona deja al descubierto su quehacer profesional con su sola presencia, su manera de hablar y su forma de relacionarse con los demás.

Quien esté próximo a iniciar una carrera profesional o quien no esté satisfecho con lo que está proyectando en este escenario, debe revisar su apariencia, vestimenta, trato y manera de hacer negocios, para así poder corregir cualquier falla.

La globalización ha desdibujado las fronteras entre los países y profesionales altamente calificados terminan desempeñando sus oficios a miles de kilómetros de distancia de sus lugares de residencia o tienen que hacer negocios con ejecutivos de culturas distintas a la suya. Por eso existen códigos de comportamiento definidos y aceptados, que al ponerse en práctica transmiten el mensaje sin ambigüedad.

Si a nivel de la imagen personal se permiten algunas licencias con respecto a la apariencia, en el campo laboral no es posible. Miremos algunos ejemplos: si una ejecutiva siente predilección por el amarillo o por el rosado y se viste con estos colores para ir a la oficina, como son muy vistosos y festivos, no transmite la seriedad y el profesionalismo que requiere su posición. Los colores ejecutivos por excelencia son: azul, café, gris, *beige* y negro.

◈ PRESENTACIÓN PERSONAL ◈

Detengámonos a pensar un minuto en lo siguiente: ¿qué trato recibiría una alta ejecutiva que llegara vestida de amarillo a una junta? Sin duda, se vería espectacular, pero es precisamente ahí en donde está el problema, pues correría el riesgo de que sus interlocutores se fijaran más en cómo luce, que en su discurso. Por eso vale la pena tener en cuenta los siguientes puntos para proyectar una imagen seria y muy profesional.

Si queremos usar nuestros colores predilectos o los que favorecen nuestra tonalidad natural, pero son demasiado llamativos para el mundo corporativo, podemos llevarlos en algún accesorio, ya sea la bufanda, el cinturón o la cartera, elementos que acentúan la vestimenta y le dan un toque original.

No hay que dejar a un lado la feminidad para desenvolverse en el mundo laboral, donde hasta hace muy poco tiempo dominaban los sastres oscuros y solamente la falda. Hoy en día se usa mucho el pantalón, pero la falda se sigue considerando ideal para la oficina, si se sabe llevar con estilo y sobriedad.

El largo ideal de la falda y el más elegante es el "largo Chanel", que cubre la rodilla por delante y por detrás llega hasta el pliegue natural que divide la pierna.

En el caso de poder usar falda corta, por tener las piernas y el cuerpo bien proporcionados, lo más alto que se admite a nivel corporativo es: dos dedos arriba de la rodilla, y cuatro dedos por debajo, la más larga.

Conviene evitar estilos atrevidos y transparencias, ropa muy ajustada, aberturas pronunciadas y accesorios llamativos, como medias de malla y joyas de gran tamaño.

Las prendas deben ser "estructuradas"; todo lo contrario de las vestimentas descomplicadas, que se limitan a un juego de suéteres, sin saco de paño o abrigo encima; o a un chal o una pañoleta sobre una blusa o un suéter, para prescindir de la chaqueta.

Los *jeans* y las vestimentas de cuero o de gamuza dan una apariencia informal, que no es apropiada en el ámbito laboral, ni siquiera los días en que se permiten vestimentas casuales, como pueden ser los viernes.

El corte del pelo juega un papel importante en la presentación personal. Una ejecutiva que ocupa un puesto importante debe ajustarse a los requerimientos estéticos de su cargo. Así, aunque tenga el pelo largo y brillante, debe llevarlo recogido o suelto, a la altura de los hombros, conservando un aspecto más bien conservador.

Experimentar con nuevas tinturas, cortes y peinados extravagantes no es bien visto en el ámbito corporativo formal, ni en el sector de la salud. Sí es permitido en la industria cosmética, de la moda y del entretenimiento.

Llegar a la oficina con el pelo mojado o con gel, da una apariencia informal y desarreglada.

El mejor peinado es el que se ve limpio, brillante y cuidado, de manera que al tocarse permita el paso de la mano libremente.

Está comprobado que la autoestima disminuye cuando el pelo o el peinado no están bien arreglados, porque hace sentir a la persona más tímida y menos inteligente, capaz y sociable, según reveló un estudio reciente realizado en la Universidad de Yale, Estados Unidos, sobre la relación existente entre la psicología y el pelo en mal estado.

El mensaje que proyecta la parte física debe transmitirse de manera integral. Por esto, en el campo laboral, la mujer no solamente debe cultivar su aspecto intelectual, sino mantener una mirada vigilante sobre su salud, punto de partida de una imagen impactante.

En algunas ocasiones, un proceso de asesoría de imagen va acompañado de la asistencia de otros profesionales, como un cirujano plástico, un dermatólogo, un odontólogo, un entrenador físico, un peluquero, un maquillador y un sastre, para hacer los ajustes necesarios.

Si se quiere proyectar una imagen verdaderamente ejecutiva, lo ideal es que ningún aspecto de la persona sobresalga tanto que opaque el conjunto, generando comentarios que puedan rotularla como: "la señorita de la minifalda", por ejemplo.

Sobriedad, calidad y discreción deben guiarnos en la elección de la vestimenta, los accesorios y los elementos de trabajo, como portafolios, maletín ejecutivo, estilógrafo, teléfono celular, etc.

Para elegir acertadamente los accesorios y lograr que cumplan su objetivo de ser los complementos obligados del vestuario, debemos aprovecharlos para crear armonía.

La exageración no está permitida. Por eso, no se debe usar más de un par de aretes, anillos solamente en los dedos anular y meñique y una sola pulsera en la misma mano del reloj.

✑CASOS REALES✑

Sin duda, en el mundo de los negocios es donde más sacrificios hay que hacer para poseer la imagen adecuada. Por eso, en este campo el trabajo del consultor de imagen se complica un poco, sobre todo cuando los ejecutivos no han requerido sus servicios por propia voluntad, sino enviados por sus jefes o consejeros.

Puedo citar el ejemplo de un destacado político, a quien su comité asesor me recomendó como consultora, para afinar algunos aspectos de su imagen pública. Su primera reacción fue un tanto agresiva: "Yo no la necesito. Me parece prepotente que usted crea que puede cambiarme en algo. Yo sé que tengo las cualidades necesarias para desempeñarme profesionalmente".

Le contesté que me hubiera encantado formar parte de su equipo, pero que en este tipo de trabajo se requiere total empatía entre cliente y consultor, y me despedí. Al día siguiente llamó para decirme que lo había pensado mejor y que estaba dispuesto a ponerse en mis manos.

Este tipo de reacciones son comprensibles, porque los altos ejecutivos consideran que su desempeño laboral es óptimo y con eso basta. Les cuesta trabajo aceptar que si su gestión no va acompañada de una buena imagen, puede perjudicar el resultado de sus esfuerzos.

Un segundo caso que quiero citar es el de una joven ejecutiva que se había postulado para el cargo de gerente general, en una empresa multinacional de servicios turísticos. Contaba con las cualidades necesarias para desempeñar el cargo, pero tenía el inconveniente de que no proyectaba suficiente autoridad. Por esta razón, le exigieron un estudio de imagen individual.

Ella aceptó y acogió de manera muy receptiva todas las correcciones relacionadas con su lenguaje corporal, la posición del cuerpo, tanto en movimiento como en reposo, su forma de caminar y principalmente su voz. Para mejorarla, se grabaron algunas conversaciones y se enviaron a una fonoaudióloga, para que las analizara y propusiera una terapia. Después de un trabajo conjunto, la voz adquirió el tono grave deseado. También se le recomendó que practicara el inglés, para lograr más fluidez verbal, y que aprendiera francés. Se dedicó a hacerlo con esfuerzo, disciplina y entusiasmo, y a los seis meses ya hablaba francés. Luego, en su primera presentación internacional en Chicago, no sólo recibió elogiosos comentarios sino la más alta calificación.

Una vez concluyó el plan de trabajo, el proceso se extendió a todo el personal a su cargo, hasta llegar al cambio de uniformes.

En contraste, analicemos el caso de una ejecutiva que contrató mis servicios, consciente de los alcances de la imagen. Cuando comenzamos a trabajar, ella ocupaba un cargo de segundo nivel, en una empresa de productos de belleza. Tenía bajo sus órdenes a seis mil mujeres, amas de casa, que trabajaban desde sus hogares, según el sistema de ventas de multinivel. Para ellas, la ejecutiva no solamente era un superior, sino un modelo a imitar.

Esta razón también motivó a la ejecutiva a hacer los cambios convenientes para mejorar su imagen. De estatura promedio, algunos kilos de más y un tono de piel que lucía poco saludable, se propuso corregir estos aspectos que no resultaban impactantes en una representante de una firma de cosméticos y bisutería.

En la primera sesión comenzamos por hablar de los alimentos y su valor nutricional, y a partir de ahí diseñamos un sistema de alimentación que le permitiera comer de manera saludable sin engordarse, ya fuera sentada en su oficina o en un viaje de negocios. Ella adoptó una rutina de ejercicios y empezó a tomar gradualmente el sol. Modernizó su corte de pelo, suavizó su maquillaje y comenzó a vestirse de una manera más clásica y elegante. Para ello, llevamos a cabo algo que se ha convertido rutina en mi trabajo: "el análisis del fondo del clóset", que en primera instancia, parte del estudio del guardarropa del consultor, para analizar criterios de practicidad, versatilidad, economía y selección de la ropa, de acuerdo con los eventos planeados para el día y los imprevistos.

Una vez definida la línea a seguir, se eligió para ella un vestuario de corte clásico, muy bien confeccionado, en materiales livianos que la hicieran lucir más delgada. Salimos a ver vitrinas y a visitar almacenes donde pudiera encontrar algunos elementos, analizamos las prendas como si las fuéramos a comprar y analizamos también cómo debe abordarse al vendedor, para que no lo obligue a uno a comprar lo que no necesita.

Después de estos ajustes, la ejecutiva recibió un ascenso, su volumen de ventas aumentó considerablemente y fue enviada a visitar sucursales de la empresa en otros países. Al cabo del tiempo, decidió establecer su propia compañía. Sin duda, su vida tomó un giro interesante, que la llevó a disfrutar del éxito profesional y a experimentar nuevamente la maternidad.

ᴥIMAGEN QUE ABRE PUERTASᴦ

Teniendo la información pertinente sobre la persona que desea cambiar de imagen, comienza el proceso de asimilar la información sobre los diferentes tipos de imagen. La persona interesada se apropia de cada uno de los temas y, mediante una metodología teórico-práctica, llega a la conclusión de lo que va a tratar en cada caso. Desarrolla un programa, lo aplica, hace

una evaluación y establece un plan de seguimiento.

Durante el proceso se trata de identificar con claridad, las actitudes internas y externas que la persona asume ante las diferentes situaciones, para detectar qué se debe cambiar.

En este punto no hay marcha atrás, porque la persona ya tiene las herramientas en la mano y la información suficiente para mantener la imagen que ha conquistado a todo nivel. Sólo le resta asumir una actitud proactiva frente a sí misma.

Esta decisión no es fácil, porque para hacer los ajustes necesarios y mantenerse en ellos, la persona debe dejar de lado, por ejemplo, actitudes que percibe como sus hábitos, pero que no la favorecen. Por eso el trabajo no concluye aquí. Después de un período de asesoría, que puede extenderse de uno a tres meses, el asesor se convierte en un acompañante que sigue, paso a paso, por lo menos durante un año, las acciones de su cliente.

Cuando la persona no ha llegado al consultor por propia motivación, el trabajo es más arduo, porque hay que comenzar por generarle interés y motivación, para que deje a un lado su actitud defensiva y esté dispuesta a oír las recomendaciones que se le dan con el único propósito de ayudarla. Después tiene que generarse un clima de confianza, para que se establezca una comunicación profunda y sincera entre ambas partes. Quizás esto es lo más maravilloso del trabajo de un consultor, porque va más allá de prestar un servicio. No en vano se trata de algo tan personal y privado como es la forma en que una persona decide mostrarse al mundo.

Conocerse a sí mismo y sacar partido de ello es como tener en las manos la llave de oro que abre todas las puertas, pues no hay nada tan poderoso como tener conciencia de los recursos propios y saber cómo utilizarlos.

Repasemos las posturas que sacaron del montón a la ejecutiva mencionada y la colocaron en un lugar privilegiado:

Asumir las actitudes apropiadas ante jefes, compañeros de trabajo y subalternos, teniendo en cuenta que hay acciones que, de aplicarse en el día a día, pueden cambiar sustancialmente la rutina de trabajo.

Tener siempre una actitud positiva hacia sí mismo y hacia los demás.

Tener clara conciencia de equipo y estar dispuesta a encontrarle solución a los problemas y no ser del tipo de personas que le dan demasiadas vueltas a los asuntos con el único propósito de entorpecer los procesos.

Llegar siempre a tiempo y muy bien preparada cuando se convoca una junta.

Al tomar la palabra, ser directa, clara y concisa, pues estudios sobre la psicología humana han demostrado que es posible capturar la atención del interlocutor solamente por corto tiempo.

Hablar con la intención de aportar, no de destruir o "ganar puntos", como se dice coloquialmente, a costa de las equivocaciones ajenas.

Dar un trato cordial a todas las personas con quienes se trabaja, sin llegar a excesos de confianza.

No usar la zalamería para caer bien y alcanzar sus metas, ni adoptar una actitud displicente, pues estas actitudes solamente denotan pobreza de espíritu y mezquindad. Lo ideal es tratar de encontrar el justo medio.

No comprometer la propia credibilidad, diciendo que se va a tomar una medida, cuando no se tiene la capacidad ni el deseo de hacerlo.

Actuar de forma rápida y eficiente.

Diseñar una rutina de trabajo. Tener el escritorio sumergido entre papeles, a los que no se les ha dado el debido curso, es muy nocivo para la imagen ejecutiva porque refleja desorden y desorganización.

Evitar actitudes escandalosas, indiscreciones, desinformación sobre los temas que comprometen a la empresa o negligencia a la hora de tomar decisiones.

Todas estas razones demuestran que tener éxito en los negocios no es tarea sencilla. Parece muy fácil llegar a ostentar una apariencia impecable, pero es un proceso que exige dedicación, fuerza de voluntad, disciplina y constancia. Pero vale la pena, porque cuando se logra proyectar una imagen exterior que revela quiénes somos en el interior, se convierte en el eco de la impecable gestión que realizamos detrás del escritorio, con un impactante resultado.

YOGA PARA EL ESPÍRITU

Alcanzar y mantener la armonía, considerada la herramienta del triunfo en todos los aspectos de la vida, requiere irradiarla del interior hacia el exterior. Para lograrlo se necesita establecer un balance entre lo espiritual y lo intelectual, entre la vida práctica del día a día y la vida espiritual que trasciende las necesidades básicas. En este campo, la ayuda del yoga puede desempeñar un papel fundamental.

El yoga es una ciencia milenaria de la India, cuyo fin, de acuerdo con el gran sabio Patanjali, a quien se le atribuye el texto conocido como *Yoga Sutras*, consiste en alcanzar un estado de quietud mental que nos permita saber quiénes somos. En este encuentro con uno mismo desaparecen sensaciones como miedo, incertidumbre, duda y demás emociones que afectan la autoestima y, por lo tanto, nuestra imagen.

Para lograr la quietud mental y acallar el continuo parloteo de la mente, Patanjali estableció las ocho técnicas de yoga que enume-

ramos a continuación, todas con la misma finalidad: llegar al estado samadhi o último estado trascendental. Es importante tener esto claro, ya que con la moda del culto al cuerpo se puede perder la esencia del yoga, pensando que es sólo un arte de hacer ejercicios o realizar enredadas contorsiones. Las ocho técnicas son:

Yamas o patrones para regular el comportamiento

Niyamas o guías que controlan el comportamiento con uno mismo

Asanas o posturas recomendadas

Pranayana o técnicas para controlar la respiración

Prathyahara o introspección de la mente

Dharana o concentración en un punto fijo

Dhyana o meditación

Samadhi o último estado trascendental.

Recientemente el yoga ha tenido un resurgimiento por la imperiosa necesidad en todo el mundo de encontrar una ayuda que permita manejar la agitada vida de hoy. El estrés, la depresión, las enfermedades psicosomáticas y otros males contemporáneos han empezado a romper la armonía, lo que se traduce en malestares que se convierten en enfermedades, cuando no son más que señales de alerta que avisan que las cosas no andan bien. Se trata entonces de encontrar nuevos caminos y soluciones para reconquistar la salud y el bienestar.

Las prioridades impuestas por la sociedad y la ausencia de valores producen grandes vacíos y dejan al descubierto que lo material no siempre conlleva seguridad, tranquilidad y felicidad.

Para obtener los beneficios del yoga es importante la disciplina y la actitud con que se practica. Lo esencial es la constancia y la calidad del tiempo que le dediquemos. Una vez que se posea el conocimiento básico, guiado por un buen maestro, el yoga se convierte en un hábito que puede ejercitarse en cualquier lugar.

Llevar a cabo unas posturas, como la serie del saludo al sol, seguida por ejercicios de respiración y una simple meditación, nos prepara para tener una actitud ante la vida, que nos acompañará siempre. Por muy simple que sea la práctica, si se hace con mente abierta y actitud correcta, podremos profundizar en el camino del yoga. La perspectiva que nos da ese contacto con nosotros mismos, nos revela, entre otras cosas, los patrones y las reacciones que hemos tenido toda la vida, llevándonos a repetir una y otra vez los mismos errores.

Aprendemos a observar y a tener autocontrol, a crear hábitos positivos en reemplazo de los destructivos, a dar más y pedir menos, a valorar lo que tenemos y a encontrar las soluciones en nuestro interior y no en lo que nos rodea.

Descubrir el yoga es encontrar una fuente de serenidad, alivio y seguridad. Es alinearnos con la esencia de las cosas y de nosotros mismos, con el mundo que no es sensible al cambio constante que nos rodea. El yoga puede ser el ancla y la fuente de armonía que equilibre nuestras vidas y las relaciones con los demás.

◈ LA MEDITACIÓN ◈

La meditación no solamente es una práctica para hacer trabajar la mente, sino también un ejercicio para detenerla. Cuando alcanzamos el estado meditativo más profundo, paramos la continua actividad mental, acallamos el parloteo incesante de la mente y logramos estar en el presente. No buscamos nada, no necesitamos nada y no queremos estar en ningún otro lugar.

El estado meditativo es aquel en el que logramos situarnos en el puesto del observador, en relación con nosotros mismos, logrando ver con perspectiva lo que está sucediendo en nuestra realidad, en un momento definido. Sin presionar nada. La paz y la meditación se encuentran sin tratar desesperadamente de buscar un estado ideal, simplemente observando el estado por el cual estamos pasando. De esta manera se puede aprender a tener un estado meditativo en cualquier momento, sin necesidad de enclaustrarnos en un retiro espiritual ni desconectarnos, para lograr vernos a nosotros mismos con la claridad necesaria para lidiar con las situaciones, aprender y aprovechar al máximo nuestro tiempo.

Al principio es importante encontrar un camino y crear un espacio para entrar en un estado meditativo, pero luego, cuando ya logremos vernos desde esa profunda realidad, se trata de mantener en todo momento esa atención y esa claridad con respecto a nosotros mismos, nuestras acciones y nuestros pensamientos. Es ahí donde la meditación empieza a brillar en nuestras vidas y los efectos se tornan más palpables. Logramos controlarnos en situaciones que antes nos hacían reaccionar impulsivamente, cultivamos la paciencia, desechamos malos hábitos, despertamos la creatividad e irradiamos energía positiva a nuestro alrededor, rompiendo los patrones negativos del pasado que se basaban en circunstancias que nos habían marcado de manera destructiva.

La claridad que da la meditación es la clave para crecer y sentirnos más plenos y felices. La meditación nos facilita observarnos en un proceso individual, que cada uno irá midiendo personalmente. No hay grados de competencia, sólo la tranquilidad que trae el autoconocimiento y la liberación de prejuicios y antiguos patrones de sufrimiento. La meditación nos permite ejercitar la paciencia, la sabiduría y la tolerancia necesarias para poder manejar los distintos temperamentos de las personas que nos rodean.

Es importante tener en cuenta algunas técnicas de meditación. Para aprender a observar, el primer paso es sentarnos en la silla del observador. Normalmente los pensamientos tienen una fuerza tan establecida y fuerte que nos enredamos en ellos y creamos la realidad y nuestros estados emocionales en cada momento, dirigiendo y frenando el continuo devenir de la mente. Reeducarnos implica seguir los siguientes pasos:

- ☞ Por la mañana temprano, ojalá al amanecer, disponer de 20 minutos o media hora.
- ☞ Ubicarnos en un lugar cómodo, de agradable temperatura, lejos del teléfono y retirado de las demás personas.
- ☞ Cubrir la luz y crear un ambiente propio, que demarque el espacio que compartiremos con nosotros mismos.
- ☞ Sentarnos en el piso con las piernas cruzadas, una encima de la otra, adoptando una posición cómoda, para no distraernos con malestares, como dolor de espalda o de rodillas. Es aconsejable sentarse sobre un cojín que ayude a mantener el coxis ligeramente levantado. En caso de que la espalda duela por sentarse sin respaldo, es mejor hacerlo en una silla con espaldar, manteniendo la columna recta. Si prefiere, también puede acostarse en el piso, con las piernas y los brazos ligeramente separados del cuerpo (sin embargo, esta posición no es la más recomendable ya que al principiante suele acecharlo el sueño).

☞ Recorrer con los ojos el espacio circundante y escuchar atentamente los ruidos del ambiente.

☞ Estirar la espalda, relajar los hombros y recostarse hacia atrás, abriendo el pecho y respirando profundamente, tomando conciencia de la posición del cuerpo y observando el estado en que nos encontramos.

☞ Es importante no tener afán, no buscar nada, no esperar nada; simplemente observamos.

☞ Recorrer mentalmente todos los músculos de la cara, uno por uno, lentamente, y seguir por todo el cuerpo hasta llegar a las puntas de los pies, relajándose, inspirando aire sanador y expirando las toxinas corporales.

☞ Con los ojos cerrados, fijar la atención en nuestro interior. La mente tratará de enredarnos en toda clase de pensamientos, entonces, con suavidad, tratamos de volverla a situar en un punto de observación, utilizando como ancla la observación de la propia respiración.

☞ Concentrarse en la inspiración y en la expiración, sentir el aire que entra y la forma como roza la superficie de la nariz al entrar. Cada vez que la mente se distraiga, volver a atraer su atención hacia la respiración. Para los hindúes, el valor de la respiración es fundamental, tanto que Swami Vishnu-devananda, en su libro: *The complete illustrated book of Yoga,* la define así: "respirar significa vivir y vivir significa respirar. Todo ser vivo depende de la respiración y cuando deja de respirar, deja de vivir".

☞ Con los ojos cerrados, fijar la atención en nuestro interior. Tomar conciencia del corre-corre de nuestros pensamientos, deseos y emociones, sin detenerlos, dejándolos pasar libremente, sin juzgarlos ni controlarlos. Al principio nos encontraremos con toda clase de pensamientos y poca concentración. Es lo usual y lo esperado, ya que la mente está acostumbrada a divagar a su antojo, pero con práctica y constancia, aunque sean sólo 15 minutos diarios, empezaremos a tener más control y más momentos de atención relajada. Así comenzaremos a observar, a entendernos y a crear nuevas formas de ser y de actuar, que enriquecerán nuestras vidas y traerán paz a nuestro entorno. Al concentrarnos durante la meditación, la respiración se va pausando, aquietando el espíritu y abriendo canales para desarrollar la voluntad, aumentar las cualidades morales e incrementar la espiritualidad. Aprender a respirar adecuadamente redunda en un mejor estado físico, lo que permite vivir más tiempo y mejor.

☞ Apartar de nuestro camino los obstáculos que amenazan el proceso de aprender a meditar, considerados por el Budismo como los cinco enemigos de la práctica del Yoga y de la búsqueda espiritual en el día a día: la pereza, la duda, lo que buscamos, lo que buscamos alejar, la inquietud o la ansiedad (falta de fe).

Ejercicio: a continuación, uno de los ejercicios de respiración que aconseja el maestro de la espiritualidad Swami Vishnu-devananda:

Coloque un reloj despertador a una distancia prudencial y trate de hacer a un lado sus pensamientos para concentrarse únicamente en el tic tac. Cada vez que lo asalte un pensamiento, dirija nuevamente su mente al sonido del tic tac, hasta que logre concentrarse únicamente en él. Luego examine el comportamiento de su respiración y descubrirá que al lograr una mayor concentración, la respiración se hace cada vez más lenta, hasta volverse casi imperceptible e inclusive podrá suspenderse unos instantes.

Mediante la rutina diaria de observación interna, nos alejamos de las distracciones, de los problemas, de la realidad y nos acercamos a una transformación profunda. Partiendo del hecho de que cada uno aprende a su propio ritmo y solamente a través de sus propias experiencias, es muy importante estar conscientes de los cambios que se van dando en nuestra manera de actuar y en nuestra vida diaria.

GUÍA PARA PRESENTARSE EN EL MUNDO LABORAL

Antes de adentrarnos en el tema, quiero citar un caso del cual me tocó ser testigo, para que demos al vestuario y a los accesorios la importancia que se merecen: se trata de la historia de una alta ejecutiva financiera que perdió su puesto por la informalidad en el uso de los accesorios, porque ella insistía en ponerse botas con falda, zapatos de plataforma, medias de malla y otros diseños, tres o cuatro anillos en cada mano, dos pares de aretes en cada oreja y usaba un maquillaje exagerado. La situación llegó a tal punto que cuando su jefe tenía que asistir con ella a reuniones sociales o de trabajo, la evitaba, así se tratara de una reconocida experta en su campo y finalmente fue despedida de su cargo.

VESTUARIO

En la oficina hay que llevar la moda con mesura, por eso hay que tener cuidado al seleccionar y combinar las piezas que la componen, para no verse recargado, prefiriendo la sencillez y el estilo clásico.

La vestimenta casual para el trabajo reemplaza el vestido completo por prendas descomplicadas, pero no menos elegantes.

En la oficina, la mujer debe estar bien arreglada, pero no vestida con demasiada formalidad. Nunca debe usar ropa brillante, escotada, sin mangas, muy corta o transparente.

En estado de embarazo o en época de posparto se siguen las mismas pautas, pero aún con más rigor, haciendo los ajustes necesarios a unas pocas vestimentas, para estar cómoda, discreta y siempre bien arreglada.

El peinado se debe llevar bien cuidado, de acuerdo con el óvalo de la cara, evitando los estilos exagerados, las tinturas de colores artificiales, las raíces desteñidas, el pelo mojado, demasiado largo, crespo y suelto o con gelatinas y enredos.

El uso de uniforme tiene un reglamento estricto que prohíbe el "toque personal", como cambiar una prenda por otra, agregarle una que no tenga, subirle el dobladillo a la falda o hacerle cualquier modificación que le quite el carácter de unidad que se pretende proyectar.

ACCESORIOS

Los accesorios de una ejecutiva se pueden clasificar en dos grandes grupos: metálicos y de cuero u otros materiales.

Los accesorios metálicos se limitan a los anteojos, no más de un par de aretes, un solo anillo con piedra o diseño grande, en el dedo meñique, y si se quiere, acompañado de una argolla en el anular; un collar que haga juego con los aretes y los anillos, y una pulsera en la misma mano del reloj.

Las pulseras en los tobillos se consideran de mal gusto.

La proporción es importante, por eso cuando se lleva un cinturón de cadena, se prescinde del collar.

No es indispensable llevar aretes, cadena, pulseras y anillos, todo al mismo tiempo. La sencillez y la elegancia se basan en el principio que sostiene que menos es más. A medida que la vestimenta sea menos formal, requiere menos accesorios.

En caso de ir al gimnasio, la piscina o la playa, solamente deben llevarse aretes y un reloj deportivo.

Al seleccionar los accesorios de cuero que complementan el vestuario, se deben tener en cuenta los principios anteriores, además de los que se anotan a continuación:

En el ambiente corporativo es mejor usar cartera, bolso o maletín ejecutivo, que mochila o morral.

Los zapatos sellan la vestimenta, por lo tanto deben ser los mejores que se puedan adquirir, para que no pierdan la forma, ni se les pare la punta o dañen los pies.

De día y para el trabajo, los zapatos ideales son los de estilo zapatilla, con tacón de cinco centímetros de altura, sin plataformas, trabillas en el tobillo, dedos al aire o desnudo el carcañal, sobre todo en climas fríos.

Los materiales del calzado convenientes durante el día son: cuero, gamuza o los sintéticos que se consiguen en el mercado, tipo falla, que no requieren betún y son cómodos. También pueden ser forrados o bordados en pedrería, acordes con el vestido.

Las sandalias se usan sin medias, por lo tanto se restringen a climas medios o cálidos.

La cartera, los zapatos y el cinturón no tienen que ser del mismo color, ni del mismo cuero, pero sí coordinar con los colores y el estilo de las demás prendas de la vestimenta.

La billetera, el celular, el estilógrafo y los anteojos con su estuche, reflejan la personalidad de su dueño, así que vale la pena comprar los mejores que podamos adquirir.

Los accesorios para cogerse el pelo deben ser del mismo color de éste.

Es contrario a la imagen corporativa usar clips, caimanes o recogerse la cola de caballo con accesorios que hagan juego con el vestido, porque dan una apariencia infantil.

La vestimenta de los empleados debe reflejar el sector profesional al que pertenecen, ya sea bancario, publicitario o al gremio de abogados.

LENGUAJE CORPORAL

No importa que el escenario de trabajo se haya trasladado a un restaurante, una finca o un bar, una mujer impactante nunca pierde la compostura, esté donde esté.

En la oficina hay que reflejar seriedad y profesionalismo, por eso, tanto la vestimenta como las posiciones, los movimientos, las actitudes, los gestos y el comportamiento deben transmitir el mismo mensaje.

Conviene actuar de acuerdo con la posición que se ostenta. Una secretaria debe ser discreta. Todas las personas deben ser puntuales, como norma de respeto hacia el tiempo propio y de los demás, y los jefes deben dar la impresión de ecuanimidad y seguridad.

La mujer ejecutiva no debe perder nunca su feminidad y la debe proyectar siempre, sin importar cuál sea el ambiente que la rodea, lo mismo en una firma de cosméticos, que en una constructora, un banco o una empresa automotriz.

LEYES DE LA COMUNICACIÓN

El trato que se recibe en el ámbito empresarial depende de la manera como la persona se muestre al mundo. Ante todo hay que mirar siempre a los ojos del interlocutor y actuar en forma pausada, atenta y discreta. Así siempre seremos bien recibidas.

Hablar con propiedad, pero teniendo en cuenta que el discurso de una ejecutiva debe ser mesurado y preciso, sin tuteos, muletillas ni expresiones coloquiales.

Asumir a los compañeros de trabajo como una familia, que no se ha elegido pero con la que toca convivir. Por lo tanto, conviene usar la intuición para conocerlos y aprender a tratarlos.

Usar los espacios comunes de la empresa con respeto y cortesía, el comedor, la cocina, la sala de descanso o de televisión, el baño y los sitios destinados a cambiarse de ropa, para contribuir al bienestar general. La persona que posee una imagen ejecutiva adecuada, se convierte en un ejemplo para los demás.

No permitir que los lazos afectivos se extiendan más allá de la amistad, porque en el campo laboral es perjudicial: generan suspicacias y chismes entre los compañeros, deterioran la imagen y complican las rutinas de trabajo.

La mujer ejecutiva es la anfitriona de su espacio de trabajo, por lo tanto es responsable de crearle una atmósfera agradable, con una decoración clásica y seria, sin colecciones de objetos, exceso de fotos familiares, flores artificiales, ni elementos decorativos como búhos, calcomanías de Disney, matas y cactus al lado del computador.

Asumir como su propia responsabilidad el saludo, las atenciones y la satisfacción de las necesidades del cliente, lo mismo que el estado en que se encuentren las áreas de trabajo.

Vigilar que la presentación de la empleada que sirve el café esté tan impecable, como la vajilla y las bebidas que se ofrezcan.

Mantener la costumbre de tener detalles con las personas a su alrededor y agradecer los que reciba.

No exigir a otro que haga lo que usted no quisiera hacer.

Valorar el silencio como signo de respeto al trabajo y la concentración de los demás, moviéndose con suavidad, caminando sin hacer sonar los tacones y oyendo la música a un volumen que no moleste a nadie.

No pararse ante el público con los brazos en forma de jarra ni cruzados sobre el pecho, tampoco con las manos en los bolsillos o entrelazadas en la espalda. Los brazos son el marco natural del cuerpo y deben caer a los lados con naturalidad, quebrando un poco los codos para no dar la impresión de rigidez. Al caminar, mover los brazos acompasadamente, al ritmo del cuerpo. Al hablar, las manos pueden reforzar las ideas con gestos discretos, sin exagerar ni manotear.

IMAGEN CORPORATIVA

Cuando se emprende un proceso de mejoramiento de imagen en función de una empresa, ya no se trabaja con una persona en particular, sino con todos y cada uno de los empleados, dejando a un lado el trabajo privado y discreto, implicado en la adquisición de una imagen personal o ejecutiva. Cualquiera que sea la entidad y el tipo de servicio que preste, se tiene que esforzar para permanecer en el mercado y diferenciarse de la competencia, cada vez más agresiva en la escena empresarial.

Los efectos de un trabajo de imagen son tan beneficiosos y contundentes para un empresa, que lo ideal sería que la compañía abordara este tema en el mismo momento en que se constituye como tal. En este caso, el trabajo del consultor debería contar con el apoyo de los directivos, el departamento de gestión humana, que es el responsable del bienestar y buen desempeño de los empleados; y las demás áreas de la empresa involucradas en la concepción de una compañía, como puede ser la agencia de publicidad.

Después de escucharlos a todos, el profesional de la imagen podrá contar con los elementos suficientes para diseñar ciertas estrategias de comportamiento y códigos de conducta, que se traducirán en un manual de imagen que guíe las acciones de cada uno de los empleados de la organización. Por ejemplo, en el caso de un hotel, deben darse directrices y procedimientos claros sobre la presentación y el comportamiento de los empleados, establecer la forma en que el botones y el recepcionista deben abordar a un huésped, la manera como las camareras y los meseros cumplen sus obligaciones; y revisar cómo se atienden hasta las más mínimas necesidades y requerimientos del huésped. Después, se averigua si todos, desde el botones hasta el gerente, están familiarizados con la filosofía de la empresa, su razón de ser y el papel que cada empleado juega en ese gran tablero de ajedrez, cuyo premio es la excelencia en el servicio.

Cuando se trata de una firma constituida de tiempo atrás, la búsqueda de un consultor puede denotar su grado de evolución, ya que no contenta con su gestión, quiere continuar dejando una huella perdurable en sus clientes. Evidencia también su grado de madurez, al reconocer que la mayor fortuna que tiene una firma es la reputación y el prestigio, valores que hay que cuidar como un tesoro. En busca de ese fin, se dispone al autoanálisis, a la corrección de los errores y a trabajar en pos de una cultura empresarial, tanto a nivel interno como externo.

En el contexto de las relaciones públicas, disciplina cuyo objetivo es crear una opinión favorable en el público con respecto a un hecho, persona o empresa, la buena reputación se convierte en el motor de un trabajo positivo que da cabida a las relaciones.

Ninguna empresa está exenta de ver lesionada su reputación, a corto, mediano o largo plazo, por múltiples razones, algunas como consecuencias de sus actos, otras por circunstancias fortuitas, pero siempre debe estar preparada para enfrentar las adversidades, los rumores, la desinformación y las ideas equivocadas que se puedan tejer a su alrededor. Para defenderse y salir airosas, las compañías implementan un plan de gestión de riesgos, que supone conocer muy bien la empresa, tener argumentos lógicos para afrontar los hechos y contar con un presupuesto para desarrollar la estrategia. Esto es lo que se conoce como un plan de relaciones públicas.

Cualquiera que sea el hecho, ya se trate de una compañía de aviación o de las autoridades del país que deben afrontar un siniestro a causa de una catástrofe natural, se tiene que contemplar el factor humano, la transparencia informativa y establecer una política de puertas abiertas.

Aquí es donde aparece otra de las claves de la labor de imagen con una empresa: la verdad y siempre la verdad. No hay nada que valore tanto el público, como ser informado oportunamente y con veracidad, sin manipulaciones ni versiones amañadas. No importa si forma parte de la compañía o si trabaja en otra parte.

A la luz de estos conceptos, cuando una persona entra a una organización debe tener en claro que sus acciones ya no hablarán únicamente de sus calidades personales, sino también de la empresa a la cual pertenece, convirtiéndose ella misma en la responsable de su buena o mala reputación. Por esto, su actitud, su forma de vestir y el trato con sus compañeros de trabajo deben estar identificados con la filosofía de la compañía.

No hay que esperar mucho para ver en acción la imagen corporativa encarnada en una ejecutiva. En el momento en que ésta recibe a un visitante en su oficina y le estrecha la mano, ya le está transmitiendo la filosofía, las creencias y los intereses reales de la firma en donde está trabajando, con afirmaciones como estas: "aquí el capital humano es muy importante", "hacemos negocios de una manera particular" o "nosotros somos diferentes".

ꟻEL SALUDOↄ

Cuando se estrecha la mano de una persona, se está repitiendo uno de los actos comunicativos más importantes de la humanidad. Desde la época de los antiguos griegos y hebreos, a través de las manos se han establecido convenios tácitos que sellan un compromiso entre dos partes: amistad, lealtad, confianza.

En ese entonces, para corroborar este gesto de paz se acostumbraba extender la mano derecha como señal de que no se llevaba oculto ningún tipo de arma.

El apretón de manos es considerado hoy en día como la primera gran ley de la comunicación, por eso se practica en casi todos los lugares del mundo y se concibe como la forma más universal de comenzar cualquier tipo de relación, que en el caso de los rusos se manifiesta con un beso en la boca y los franceses lo hacen con un beso en cada mejilla.

Al saludar, la mano debe estar suave, ni muy fría, ni húmeda. El primer contacto físico con otra persona debe dejar una sensación agradable.

La mano se debe dar con firmeza pero sin brusquedad, siempre extendida y con los dedos unidos.

La etiqueta en materia de saludos señala que la persona de mayor edad es quien debe extender primero la mano, y las mujeres a los hombres.

Entre mujeres el trato es igual, pero deben evitar saludarse extendiendo la mano hasta el codo. Lo apropiado es un apretón de manos con todos los dedos.

ᵔᴐLAS PRESENTACIONESᴄ₂

Las siguientes reglas se aplican en todos los idiomas:

Al darse a conocer, se deben decir claramente el nombre y apellido completos.

Primero se pronuncia el nombre de la persona de mayor rango, y a ella se le presentan las demás.

El hombre se presenta a la mujer, pero si se trata de un hombre mayor o con una jerarquía superior a la de ella, la mujer es quien debe ser presentada.

La persona joven se presenta a la mayor.

Entre personas del mismo sexo, el menor se presenta al de más edad.

En el campo laboral se da a conocer el subordinado al superior.

Al presentar una pareja, se dice el apellido de soltera de la mujer, porque hoy en día la identidad femenina no se supedita a la de su esposo, como ocurría antiguamente.

Los cargos importantes y los títulos se mencionan en toda presentación.

Es inapropiado presentar en forma despectiva a las personas con quienes se tiene, o se ha tenido, algún vínculo personal, por ejemplo, en lugar de decir: "le presento a mi ex esposo" o "a mi hijastra", lo correcto es presentarlos como "la persona con la cual estuve casada", "el papá de mis hijos" o "la hija de mi marido".

En caso de duda, es preferible presentar que dejar de hacerlo. Volver a presentar a personas que ya se conocen no es un error sino un acto de cortesía.

Un caballero siempre se pone de pie cuando va a conocer o a presentar a otra persona.

La mujer se pone de pie cuando va a conocer a otra mujer o a un hombre de rango superior, pero en la actualidad se valora la actitud de la dama que, lo mismo que el caballero, se levanta para toda presentación.

Al presentar, se deben pronunciar correcta y claramente los nombres, sobre todo cuando son en otro idioma, para evitar los errores.

Es importante memorizar los nombres para dirigirse a las personas sí continúa la conversación. Si no se entiende en el momento de la presentación, se vuelve a preguntar.

La presentación se afianza con un contacto visual directo a los ojos y unas palabras de amabilidad. El primer acercamiento debe ser corto y agradable, para que sea de fácil recordación. Un buen saludo puede ser el inicio de una comunicación efectiva, tanto laboral como social.

En el lenguaje no verbal, que forma parte de una comunicación eficaz, los gestos y la postura del cuerpo de un ejecutivo pueden revelar mucho de él, antes de ubicarse en una mesa de negociación. El discurso pierde fuerza si no va acompañado de un rostro y un cuerpo que transmitan la misma información.

El rostro es el medio de comunicación más certero, asegura Lailan Young, autora del libro *The Naced Face. The Essential Guide to Reading*, y cita los estudios publicados sobre el tema en el *British Journal of Social Psychology*, en 1991, en los cuales se explica cómo el rostro asimétrico que todos tenemos, puede ilustrar con claridad la personalidad, emociones e intereses del expositor.

El lado izquierdo del rostro es el más expresivo, influenciado por el hemisferio derecho, que refleja las emociones y las actitudes básicas.

El lado derecho, en directa relación con el hemisferio izquierdo, está asociado con las respuestas más controladas y con lo que se desea que los demás piensen de uno.

Pensemos en una ejecutiva con una impecable hoja de vida, que cuida su arreglo personal, pero cuando aborda a su interlocutor, evade la mirada y se muestra distraída, camina encorvada, balancea los brazos exageradamente y no acompaña rítmicamente el movimiento de cada pierna con el brazo contrario, se sienta y se levanta ruidosamente de la silla y tropieza con los muebles. A pesar de que su discurso sea brillante, la buena impresión que puedan causar sus argumentos se verá opacada por sus actitudes.

LA MUJER PROFESIONAL COMO ANFITRIONA

La persona que recibe a un visitante en su lugar de trabajo debe tener en cuenta que, como anfitrión, debe levantarse de la silla para recibirlo y extender primero la mano para saludar. En ese momento, entre las dos personas debe haber por lo menos un metro de distancia. Al sentarse debe haber por lo menos cincuenta centímetros entre ellos. Si se acomodan delante del escritorio, un metro con veinte centímetros y si se trata de una mesa de negociación, el ancho puede ser hasta de tres metros cincuenta centímetros.

La etiqueta empresarial exige respeto hacia el visitante, atendiéndolo el día y a la hora convenida. Los minutos en que se oyen con atención sus solicitudes o propuestas son muy valiosos. Mostrar interés hacia la persona con quien se quiere negociar también se puede evidenciar estando bien preparado para el encuentro, no contestando llamadas, ni aceptando cualquier otro tipo de interrupciones.

Una empresa que cuente con una verdadera cultura empresarial debe hacer extensivas las deferencias que se tienen con el visitante, a todos y cada uno de sus empleados. Debemos tratar a nuestro vecino de escritorio como si fuera un cliente, ayudándole, por ejemplo, a terminar de escribir un informe, de la misma manera que nuestra labor incluye guiar a cualquier empleado que solicite una cita con alguien de la compañía o contribuirle a la secretaria firmando los cheques a tiempo.

Es necesario racionalizar el uso del teléfono, el fax y la internet: herramientas de trabajo que son de beneficio común y así deben manejarse.

El teléfono es sólo para usufructo de la oficina. En caso de utilizarlo para llamadas personales, deben ser breves y por razones de fuerza mayor. Nunca se puede dejar a una persona esperando en la línea más de un minuto, sin haber resuelto su inquietud. Si la persona que responde al teléfono no está en la mejor disposición, ni cuenta con la información necesaria para atender la solicitud de quien llama, por ejemplo, a raíz de un hecho reciente que involucre a la empresa, es mejor no contestar. No hay nada que afecte más la imagen de una compañía, que la negligencia al atender las llamadas. En la rutina de trabajo surgen muchas respuestas que fácilmente pueden ser respondidas por vía telefónica por los mismos compañeros, sin embargo hay que dejar libre por lo menos una línea, para no obstaculizar las llamadas de los clientes.

La internet es un medio casi instantáneo de comunicación, que ha revolucionado las relaciones humanas. La escena empresarial no escapa a este fenómeno y lo utiliza como elemento indispensable en la comunicación entre los miembros de la empresa y los ejecutivos de otros países. La información que circula por la red debe ser de carácter profesional, dejando a un lado mensajes personales que quitan tiempo y nunca se sabe quién pueda tener acceso a ellos.

Al establecer lazos de comunicación con otras empresas, no se debe prescindir de otros medios como la correspondencia empresarial, pues a través de las cartas, el ejecutivo tiene la oportunidad de expresar rasgos de su personalidad y establecer vínculos de respeto y afecto con quien hace negocios, dado que la correspondencia conlleva elegancia y calidez.

Es importante también elegir con esmero la papelería, en colores blanco, crema, azul o gris; si se quiere, grabada o timbrada con su monograma o con su nombre y dirección, y cuidar la elección de las palabras escritas y su redacción, pues las cartas, con el tiempo, se convierten en importantes documentos.

Aplicar la cortesía empresarial solamente con el público y no con los empleados, como suele suceder en muchas empresas latinoamericanas, es un comportamiento reprobable que denota ausencia total de compromiso y de convicción de una compañía frente a su razón de ser. Estas actitudes se evidencian en los tratos diferenciales entre los empleados, la falta de consideración ante la labor que otros desempeñan y la ausencia de estímulos para que se realice mejor el trabajo. Es el caso de muchos hoteles y restaurantes, donde sus empleados nunca han sido invitados a probar las bebidas y alimentos que sirven a diario, o también la de los trabajadores de agencias de viajes que nunca han tenido la oportunidad de visitar los destinos que promueven.

Las directivas de las empresas deben hacer partícipes a sus empleados de los servicios que ofrecen, para que ellos se conviertan en los pilares de su crecimiento. Así no deben desaprovechar la mejor estrategia de ventas que puede llegar a tener una compañía, como es la motivación de quienes ofrecen el servicio.

Los cambios de imagen que quiera realizar una compañía en su interior, no pueden llevarse a cabo a puerta cerrada con las cabezas de la organización, sin contar con los empleados, ya que cada uno de ellos es un embajador, un representante, un agente de cambio.

ATENCIONES CORPORATIVAS

Las responsabilidades de una ejecutiva no se limitan a lo que ocurre dentro de las cuatro paredes de su sitio de trabajo, teniendo en cuenta que, por lo general, los encuentros de negocios no concluyen ahí, sino en un restaurante donde también debe hacer las veces de anfitriona.

Para culminar un negocio en un restaurante es importante reservar una mesa con anticipación y llegar antes que los invitados.

Aunque la mujer ejecutiva que hace las veces de anfitrión no ingiera ninguna bebida alcohólica, debe ofrecerla a los comensales y hacer el brindis.

Si es mal juzgado el hombre que se pasa de tragos, esta crítica se vuelve aún más implacable cuando se trata de una mujer.

La cultura general que debe poseer una ejecutiva se extiende al conocimiento de algunos principios de gastronomía y enología, para desenvolverse con soltura en el campo de los negocios. Esto le permitirá, por ejemplo, saber catar un vino y ordenar adecuadamente un plato, según el país y la época del año.

Los viajes de negocios son pruebas importantes para cualquier profesional, dado que se convierten en una carta de presentación de la empresa. La apariencia personal, el comportamiento dentro del avión, en el hotel y en los lugares que se visitan, dan cuenta del grado de cultura y de la consideración que tiene el profesional hacia la firma que representa. En estas circunstancias, cada una de sus acciones está siendo observada. Por ejemplo, si está en Chile y es invitado a comer, deberá honrar a su anfitrión ordenando alguna especialidad del país. Sería muy mal visto que siendo ésta la región de los pescados pidiera en un restaurante típico un plato de pasta.

Frente a su compañía, la persona ejecutiva debe demostrar su eficacia en la realización de las labores encomendadas durante el viaje de negocios, y manejar con responsabilidad y honestidad los viáticos que le fueron asignados o la tarjeta de crédito que pusieron a su disposición para gastos de representación. La honradez y la honorabilidad pueden quedar por tierra ante cualquier abuso de confianza.

Para lograr que un empleado tenga sentido de pertenencia frente a su empresa y actúe en función del beneficio común y no del propio, es importante que se sienta bien tratado y sepa que es parte fundamental de la organización.

Al programar seminarios con los empleados se sugiere a los directivos realizarlos en espacios agradables, donde el trabajador esté motivado a participar y se convierta en el motor del cambio que quiere experimentar la empresa.

CÓMO HABLAR EN PÚBLICO

Para utilizar todas las herramientas que garantizan el éxito en cualquier presentación, se pueden consultar y seguir las recomendaciones recopiladas por el periodista Germán Díaz-Sossa, en su libro *Así se habla en público.* Según, mi experiencia yo aconsejo lo siguiente:

Para presentarse en público, el expositor debe preparar con anticipación el tema que va a exponer, hasta dominarlo perfectamente. Dormir lo necesario la noche anterior, comer adecuadamente, no ingerir bebidas alcohólicas y escoger el vestuario adecuado.

Antes de comenzar a hablar, el expositor ya ha comunicado muchas cosas a su auditorio, a través de su presentación personal, su expresión facial y su lenguaje corporal.

La presentación personal debe ser impecable: vestidos de un solo tono, del color que armonice con la piel, los ojos y el pelo del expositor, usar falda y zapatos clásicos. Escoger materiales que no se arruguen y caigan bien, mostrar sencillez en los accesorios, o maquillaje discreto, pelo lavado y cuidado, peinado adecuado a la forma del rostro, manos bien arregladas y colonia o perfume discretos.

No confiar demasiado en la memoria, porque en un momento de nerviosismo puede hacernos una mala pasada. Preparar el discurso hasta tener claras las ideas y llevar anotadas algunas ayudas sobre los puntos más importantes a tratar, pero no aprendérselo de memoria, porque pierde espontaneidad, fuerza y naturalidad.

Para familiarizarse con el auditorio, el expositor debe llegar con media hora de anticipación y ser puntual. Así todo estará a tiempo, bien dispuesto y programado para recibir al público a la hora señalada, como un buen anfitrión.

Vigilar con anticipación que sus interlocutores queden bien ubicados, para que se sientan tan cómodos como el expositor y tengan a mano los elementos pertinentes para el desarrollo de la reunión.

Antes de salir ante el público es aconsejable hacer algunos ejercicios de respiración: cerrar los ojos, mover los brazos y dejar que el aire entre y salga suavemente, aplacando los latidos del corazón.

Lo primero que debe hacer el expositor es saludar y agradecer al público por estar presente y permitirle exponer sus ideas.

Antes de hablar debe pensar bien todo lo que va a decir y expresarlo con entusiasmo, imprimiendo energía a su mensaje, dándole vida a las palabras y asumiendo una actitud de respeto hacia el auditorio.

El expositor debe ser, ante todo, coherente con su discurso, de manera que haya identidad entre lo que piensa, siente, dice y hace.

El expositor debe colocarse de pie, con la espalda recta, los hombros y la quijada erguidos, los brazos a la vista del público y las manos relajadas o sosteniendo las anotaciones, dando un buen ejemplo de la postura que quiere que los espectadores asuman.

Sonreír con mucha calidez pero sin exagerar, sentir los músculos de la cara relajados, evitar hacer muecas, risotadas o gestos. Mirar a los ojos a cada uno de los interlocutores, pasando constantemente la mirada de una persona a otra.

Si alguien está distraído o conversando con su compañero, puede hacerle una pregunta. Al notar al público cansado, debe cambiar la metodología del discurso, hacerlos mover, cambiarlos de puesto y, si es posible, liderar una rutina de relajamiento y concentración, con base en ejercicios y técnicas de respiración.

Estar todo el tiempo pendiente de la actitud de los interlocutores, para interpretar sus reacciones, el sentido de las miradas que se dirigen entre ellos y las expresiones que asuman, a fin de averiguar si están entendiendo el mensaje y hasta qué punto la exposición capta su interés.

No es indispensable contestar todas las preguntas con explicaciones. De vez en cuando, una aprobación con la cabeza es suficiente, pero teniendo cuidado de no aprobar indiscriminadamente, sino a conciencia.

Hablar despacio y con claridad, exponiendo una idea a la vez, siempre en lenguje sencillo, con actitud humilde.

Estar pendiente de la modulación de la voz, cambiándola constantemente para no cansar ni adormecer al auditorio. Analizar el ritmo que le imprime a su mensaje, emplear frases cortas y contundentes, ejemplos concisos y reveladores, no usar muletillas ni palabras en otros idiomas, de no ser absolutamente indispensable. Hacer pausas, tomar aire y permitir que los demás lo hagan.

Para lograr empatía con sus interlocutores, el expositor debe ponerse en su lugar y evitar ser crítico o dogmático. El buen conferencista le pone corazón a lo que hace y sabe llegar al alma de su público, acercándose a él.

Usar el sentido del humor, sin vulgaridad, demuestra inteligencia y divierte al público.

Emplear sin temor ejemplos imaginarios o reales y los objetos indispensables para afianzar su discurso.

Al no saber contestar una pregunta, admitirlo, y al equivocarse, ofrecer excusas teniendo en cuenta que todos somos seres humanos.

Cuando se termina la exposición hay que concluir involucrando al público, para que pueda sacar el máximo beneficio. Puede ser preguntando a los interlocutores, por ejemplo, ¿cómo se sintieron, qué aprendieron? Y expresándoles lo que sintió el expositor al respecto, para finalizar dando las gracias.

Imprimirle mucha importancia a la conclusión y reforzar las ideas que harán que su discurso no sea olvidado, teniendo presente que "la última impresión es la que queda".

PREPARÁNDOSE PARA EL CAMBIO

Lograr una transformación no siempre es sencillo, pues el consultor de imagen está irrumpiendo en la intimidad, bien sea de una persona o de una compañía, y no es fácil solicitar con total sinceridad y apertura, un proceso de cambio que, entre otras cosas, exige cuestionarse a sí mismo. Aún más cuando este tipo de encuentros se utilizan en procesos de auditoría que desembocan en el despido de personal.

Hay que reconocer que no es fácil trabajar con cientos de empleados de una empresa, que saben que han sido convocados a una reunión porque las cosas no andan bien y, tal vez, tengan que cambiar la manera como han venido desempeñando su labor hasta el momento.

La respuesta es muy positiva cuando todos los asistentes dejan de lado su actitud defensiva y descubren que un proceso de reingeniería de imagen no sólo favorece a la empresa sino que beneficia sus vidas personales. Algunos de los tópicos que se tratan en estos encuentros son: la etiqueta y el protocolo empresarial, imagen y relaciones públicas, imagen ejecutiva, mercadeo e imagen, cómo planear un menú y gastronomía, entre otros.

LA CULTURA CORPORATIVA

El carácter privado, implícito en la asesoría de una persona que quiere cambiar su presentación, es una cuestión muy distinta a trabajar con todos o una parte de los integrantes de una compañía.

En este escenario, cada empleado cumple un papel importante y se convierte en testigo de sus compañeros, de sus posibles fallas y de su capacidad para asimilar las críticas y optar por una actitud receptiva. Estos encuentros, sin duda, generan compromisos de los empleados hacia su empresa y, lo que es más importante aún, hacia sí mismos, pues al convertirse el asesor en espejo de todos, permite que cada quien vea en perspectiva sus propias actuaciones desacertadas y opte por la actitud inteligente de cambiar.

La cultura corporativa se define como la suma de ideas, normas y valores que constituyen la identidad de una empresa, al igual que su historia, trayectoria y personajes.

Las ideas que sustentan la filosofía de la empresa son la forma como piensa la entidad y se orienta la convivencia de su capital humano y de su producción.

Existen manuales que establecen el comportamiento adecuado de los empleados hacia la empresa y de la empresa hacia ellos, a través de diferentes tipos de normas: indicativas, permisivas, prohibitivas y restrictivas.

Los valores son los que dan una orientación hacia el bienestar de la comunidad, de los negocios y del personal.

El proceso de asesoría de una imagen corporativa debe hacerse de manera global, cobrando gran importancia las actividades de la empresa con sus proveedores, clientes y empleados, pues se convierten en medios para manifestar esa identidad que cobija a todo el personal y se manifiesta en el tipo de comunicación que se crea, en los eventos que se organizan y en las posturas de los ejecutivos.

Para optimizar la labor de un consultor y no permitir que los esfuerzos que emprende una compañía se diluyan sin haber logrado las metas propuestas, es pertinente hacer un seguimiento a la gestión, pues el trabajo de un profesional de la imagen comienza con un diagnóstico y sigue con una propuesta de cambio, pero los encargados de darle vida a esa propuesta son los empleados en su quehacer diario, labor que requiere tiempo y persistencia.

Como las imágenes se producen a través de los sentidos, la imagen de una entidad se convierte en algo emocional y no en una conclusión a la cual se llega a través de la razón.

Sin duda, los trabajadores son y seguirán siendo los protagonistas de un cambio de imagen empresarial, proceso que deben vivir con espíritu de equipo, aceptando las observaciones de sus compañeros como una guía y un apoyo para mejorar.

IMAGEN CORPORATIVA

Se forma con todos los componentes que caracterizan a una empresa y la proyectan haciéndola diferente y única.

El perfil de la empresa define el comportamiento del público hacia ella.

En primera instancia, las compañías de publicidad son las encargadas de asesorar a las entidades para crear su imagen institucional.

Las empresas de relaciones públicas continúan con la labor de afianzar esta imagen y prevén los inconvenientes que pueda tener la entidad o que amenacen con deteriorar su imagen.

Enseguida, la labor del consultor de imagen entra a jugar un papel fundamental, para lograr que los empleados de la empresa que conforman su capital humano, transmitan la misma imagen.

EL VESTUARIO

Si se tiene en cuenta que la cultura corporativa se refleja hasta en la vestimenta, una guía para definir la forma de vestir adecuada es mirar cómo se presentan a trabajar los demás compañeros.

El maquillaje, el corte de pelo y el uso de bisutería pueden cobrar mucha importancia a la hora de imprimirle personalidad a la vestimenta, inclusive cuando se lleva uniforme.

Es indispensable conservar una apariencia física impecable, desde el vestido, el buen olor, el peinado arreglado y las manos cuidadas, hasta el aliento fresco.

El guardarropa para la oficina se compone de prendas clásicas, en colores del mismo estilo, como sastres del falda o pantalón, camisas de algodón blancas o de colores pastel, suéteres y accesorios como cinturones, bufandas, carteras y zapatos de tacón.

Algunas empresas exigen como parte de su reglamento, cumplir con un "código de vestuario", en el cual se establecen claramente las políticas que deben respetar los empleados sin uniforme, como vestidos de un solo tono, blusas blancas o de colores claros, sastres con faldas a la rodilla y medias color piel.

Una ejecutiva no debe ir a trabajar con piezas de moda muy costosas, que puedan ser interpretadas como signos de ostentación y estatus.

La apariencia de una mujer en el campo laboral debe ser pulcra, tanto su vestuario como ella misma deben verse impecables.

Darle al vestuario la importancia que merece es fundamental. Se ha dado el caso de vestimentas que han deteriorado carreras políticas, como en el caso del presidente de Argentina, Carlos Menem.

El mantenimiento de las piezas que conforman el vestuario es tan importante como su selección.

La ropa de lavar en seco no se debe guardar con la que está colgada, porque aunque el color disimule la mugre, los vestidos deben lavarse periódicamente para lucir siempre impecable. Es importante revisar que la ropa esté en perfecto estado, colgada en orden: cada falda o pantalón con su chaqueta correspondiente, en ganchos de madera o pasta que mantengan la forma. Las blusas y camisas colgadas y abotonadas en el cuello. Las piezas del vestuario que están en mal estado o necesitan arreglo, no se guardan entre el clóset. Se sale de ellas o se mandan arreglar.

Las carteras conservan su forma, guardándolas con papel celofán por dentro, protegidas individualmente entre bolsas de bayetilla.

El clóset debe tener buena ventilación y suficiente espacio para poder apreciar y colgar la ropa holgadamente, de manera que no se arrugue.

Los accesorios de cuero también requieren mantenimiento: los zapatos se deben ventilar, colocarles hormas adentro para que conserven su forma, embetunarlos o cepillarlos y revisar que tengan la suela completa, con las punteras y tapas correspondientes. Cinturones, carteras, billeteras y maletines se pueden pintar cuando estén pelados y mandar arreglar las hebillas y cremalleras dañadas en sitios especializados.

IMAGEN DEL ENTORNO

La actitud debe ser complementada con la identidad corporativa, que se relaciona con el grado de identificación del trabajador con la empresa. No basta con saber hacer muy bien el trabajo, es necesario conocer los principios para comportarse correctamente.

Una oficina debe reflejar la personalidad de la empresa, vigilando el comportamiento de los empleados, para que no se vuelva familiar.

Todos y cada uno de los actos de una empleada en la oficina deben reflejar una manera particular de hacer las cosas, irradiando positivismo y capacidad de servicio, para disfrutar del trabajo y ganarse el afecto de compañeros y superiores.

Identificarse con lo que se hace, vivir, disfrutar y vibrar con entusiasmo al realizar las labores, contagia profesionalismo, energía y vitalidad a las personas que nos rodean.

Una ejecutiva también se ve reflejada en su equipo de colaboradores, por eso debe escogerlos con cuidado y prepararlos para atender los asuntos de la misma manera que ella lo haría. Conviene sentir empatía con el grupo y escuchar y atender los puntos de vista diferentes al propio, aceptar sugerencias o críticas y ser receptivos para interesarse por nuevas ideas o aportes, fruto de la experiencia de otros.

A la hora de escoger un empleo hay que analizar si se comparten las ideas y los valores de la empresa, pues éstos terminarán alimentando la propia personalidad.

Así como por la mañana nos alistamos de acuerdo con el día que tenemos programado, en el campo laboral debemos prepararnos y trabajar concienzudamente para adquirir el perfil del cargo que queremos llegar a ocupar.

Las personas que trabajan adquieren una forma peculiar de ver la vida, aprenden a valorar el tiempo propio y ajeno, le dan sentido a la amistad, al trabajo en equipo y al respeto mutuo, entre otras cosas.

LA COMUNICACIÓN EN EL ÁMBITO EMPRESARIAL

Construir una imagen corporativa requiere conocer la historia, la tradición y el desempeño de la empresa, para tener una idea del tipo de profesional que le conviene.

La filosofía de una entidad se puede manifestar de muchas formas: actitudes como el saludo, la atención al cliente y el proceso de toma de decisiones.

Una empresa con una buena política de comunicación sabe cómo transformar un momento difícil en una situación que le permite aprender y crecer.

Factor humano, transparencia informativa y políticas de puertas abiertas, son los determinantes para ejercer unas relaciones públicas exitosas.

El soporte de la identidad corporativa es el comportamiento corporativo, la identidad visual y la comunicación de la empresa.

Cada día cobra más importancia la imagen, a nivel personal, social o laboral. Una persona que quiera ser bien recibida y aceptada no debe hacer cosas que ofendan a nadie, porque van en contra de las costumbres o la moral.

Una actriz muy querida fue Marilyn Monroe, encarnó para muchos la belleza ideal norteamericana, sin embargo su vida desordenada en el plano sentimental, la condujo al enterarse de su mala fama, a consumir barbitúricos que terminaron por ocasionarle la muerte a temprana edad. De esta manera, después de ser el símbolo de la belleza para su país, terminó siendo atacada por la prensa y sus seguidores.

En el plano empresarial ocurre lo mismo, las empresas y el capital humano que las conforman pueden tener problemas, pero si tienen una imagen institucional reconocida, en muchos casos estas oportunidades se convierten en positivas, perdiendo así su carácter destructivo. En el plano personal, este fue el caso de Hillary Clinton, quién pasó de ser una primera dama, a convertirse en una figura política independiente con gran éxito.

Algo parecido ocurrió con la empresa de alta costura de Cocó Chanel; al morirse su creadora, la entidad estaba en crisis económica, y gracias a la buena imagen de la señora Chanel, salieron a flote, mediante la venta de sus perfumes, concretamente, el Chanel Número 5. Hasta el día de hoy, ocupan un lugar preponderante a nivel mundial, cada uno de sus accesorios es único y fácilmente reconocible al igual que sus creaciones Alta Costura, a cargo del diseñador Karl Lagerfeld.

Una imagen se construye en una vida y se puede destruir en un segundo.

IMAGEN INTEGRAL

Quien haya llegado hasta este punto en su lectura, habrá percibido que la imagen personal sobrepasa las formas. El fondo no tiene eco sin los vehículos necesarios para exteriorizarse adecuadamente y las formas, sin el sustento que requieren, carecen de fuerza para mantenerse en pie por sí mismas.

Jacqueline Thompson en su libro *Image Impact. The Complete Makeover Guide*, expone todos los elementos que una persona tiene a la mano para transformar su apariencia, refiriéndose a la importancia de construir una imagen personal con identidad, en la que todos los aspectos —vestimenta, accesorios, maquillaje, corte de pelo, lenguaje corporal y actitudes— conducen a un mismo punto, para que esa huella personal no parezca un "engranaje disparatado".

Cualquiera que sea el proceso de cambio en que esté comprometido el consultor, al llevar a cabo su labor en el campo de la imagen personal, corporativa, ejecutiva o pública, debe hacer hincapié en la forma como las emociones y el intelecto de un individuo juegan un papel fundamental en su transformación. Cuando el desarrollo de una nueva apariencia ha tenido en cuenta estos aspectos, se puede asegurar que dicha transformación será la expresión de una manera particular de ser, en todas las circunstancias y escenarios de la vida. Visto así, dicho proceso de cambio de imagen nada tiene que ver con lo artificioso, lo falso o la manipulación, como lo anota Rosa María García Doménech en su libro *Asesoría de imagen personal.*

Lo que se quiere lograr es que la mujer profesional llegue a tener una personalidad muy bien fundamentada, que se manifieste, tanto en la oficina como en la casa, sin discriminar a sus interlocutores, es decir, que actúe de manera convincente y equitativa con sus amigos, parientes o compañeros de trabajo.

Al ingresar al mundo laboral y vivir la rutina diaria, que en la mayoría de los casos consume más horas que las de permanencia en la casa, se requiere trabajar en armonía y disfrutar de lo que se hace. Por eso es importante pensar que aunque sepamos muy bien cómo hacer el trabajo, esto no implica que conozcamos los principios para comportarnos correctamente. Lo primero que hay que tener en cuenta es que, a nivel mundial, los modales se basan en el principio básico de la consideración con los demás. En el mundo de los negocios esto adquiere mayor importancia, dado que cada individuo representa a la empresa para la cual trabaja.

❦PARA POSEER UNA IMAGEN INTEGRAL❧

Las empresas son como los individuos, cada una tiene su propia personalidad, que se refleja en la presentación y el comportamiento de sus empleados. La etiqueta, o sea la aplicación de los buenos modales en el trabajo, es una herramienta indispensable para desempeñarse con éxito en el ámbito laboral y lograr permanecer en posiciones destacadas, con proyección a cargos de mayor estatus y responsabilidad. De la misma manera, unos modales que no sean acordes con la empresa, impiden integrarse a ella.

La mujer integral es aquella mujer que ha logrado crear un equilibrio entre los diferentes aspectos de su personalidad y cuya madurez se refleja tanto en sus emociones como en su forma de hablar y de actuar.

Recibe este título la mujer que ha logrado llegar a un entendimiento, en el cual posee un equilibrio entre lo intelectual, lo físico y lo sensual.

Para lograrlo es necesario observar si las siguientes condiciones están presentes en nuestras vidas:

DESPERTAR EL DESEO DE SER AMADA

En esta labor es fundamental el papel de los padres. Una niña que desde que nace recibe amor, caricias, afecto y atención, va a apropiarse de estos sentimientos y los podrá retribuir cuando sea adulta.

Por otra parte, también se da el tipo de mujeres que atraen o las que simplemente enamoran porque mantienen un romance permanente con la vida y poseen esa capacidad de amor que puede enamorar no sólo a una persona sino a todo su entorno, inclusive a una comunidad. La que logra esto se convierte en el prototipo de mujer con la que todos se quisieran casar. Es el caso de mujeres como la princesa Diana o la actriz Audrey Hepburn, quien fue entre otras cosas la musa del diseñador francés Givenchy.

Una mujer equilibrada es aquella que complementa la parte emocional del hombre, es su apoyo, invita a que la amen de verdad con mucho carácter y al mismo tiempo con dulzura; maneja su belleza dentro de los términos normales y vive en permanente estado de renovación.

La mujer va adquiriendo diferentes olores naturales debido a los cambios que sufre su cuerpo, como son la menstruación y demás procesos hormonales, por esto las rutinas de limpieza son muy importantes; es más, se deberían convertir en un rito. Una mujer saludable siempre va a producir olores agradables. A cada mujer le debería gustar su propio olor. Todas las mujeres lo poseemos por naturaleza y según los cuidados que se tengan, se evita producir olores desagradables, como el mal aliento y los gases, que se pueden volver repulsivos. Hay olores que atraen y olores que repelen.

La rutina de limpieza que se lleva a cabo en la ducha, hace que a la media hora de bañarse, la mujer sienta su propio olor como el de un cuerpo impecable, acompañado de un pelo en la misma condición y el conjunto de reacciones que producen las rutinas del baño, como son el jabón, la crema del cuerpo, el desodorante y la colonia. Este es el olor sexual permitido, el olor a piel mezclado con fragancias, el sello personal que puede ser un arma de conquista eficaz, un arma a favor, porque el olfato es el número uno de las armas sexuales. También es un arma en contra, ya que es igual de desagradable una mujer con un perfume muy fuerte, cuyo aroma no siempre es apreciado por los gustos ajenos. La cantidad de fragancia debe estar balanceada. Es importante observar cómo la dieta también influye en nuestro propio humor, y aquellas mujeres con fuertes olores que quieren hacer algo al respecto y no simplemente esconderlos, se les aconseja adoptar una dieta menos compleja, de comida natural y sencilla, como son frutas, vegetales, granos y legumbres, con la cual el cuerpo no requiera procesar tal variedad de alimentos, ni combinaciones difíciles de digerir, como las carnes, los lácteos, etc. Estas dietas simples y naturales no sólo facilitan el proceso digestivo sino que ayudan al cuerpo a eliminar toxinas. La comida de esencias aromáticas también influye en el olor del cuerpo, como se comprueba en las culturas que usan mucha cebolla, ajo y especies. Por esto, muchos perfumes comerciales de afamadas casas especializadas utilizan olores semejantes.

Todo lo relacionado con el cuidado de la boca es fundamental, los dientes, las encías y la lengua.

Su mantenimiento exige visitas regulares al odontólogo y al periodoncista, quien se ocupa del cuidado de las encías para tener la seguridad de un aliento siempre fresco.

Practicar la rutina de limpieza, con la ilusión de arreglarnos para el hombre que queremos, se convierte en un gusto más y así el uso de aceites y burbujas durante el baño adquieren un sentido especial de sensualidad, de preparación para el amor. Al darle la atención que se merece este tema, podemos tener la certeza de que dejaremos una huella imborrable en la mente de la persona que nos ama.

La gama de productos que se encuentran hoy en día en el mercado nos ofrece una multitud de opciones y por lo tanto de olores. No se deben mezclar olores fuertes y diferentes, como los del champú de coco, la crema con olor a vainilla, el perfume floral y el desodorante de musk; entre más acorde sea la gama de productos serán menos los químicos utilizados y por lo tanto menos la diferencia de olores. Mejor será el resultado del producto al contacto con la química del cuerpo que lo utiliza.

SER IMPECABLE

El hombre es ante todo un conquistador, a quien hay que permitirle y crearle un ambiente propicio para que pueda conquistar. Le gusta seducir y como buen macho se siente a gusto cuando puede ejercer su papel de hombre, permitiéndole a la pareja ser maternal, obrar con su "sagrado femenino" y darle rienda suelta a su naturaleza de mujer.

En este campo los estados de ánimo extremos se deben evitar, tanto la pasividad como el acelere. Conviene tener siempre presente cuál es el prototipo de la mujer ideal para casi cualquier hombre: la mujer femenina, dulce, maternal, amorosa, que sabe escuchar y que al mismo tiempo le da rienda suelta a su imaginación para buscarle ese punto débil que lo hace vibrar, para cautivarlo, seducirlo y enloquecerlo. En pocas palabras, se trata de emocionarlo en todos los sentidos, de producirle, por ejemplo, un sentimiento de nostalgia, revolverle toda su parte emotiva y ponerlo en un nivel sublime, en ebullición.

EL PODER DE LA SENSUALIDAD

Para ser sensual es indispensable poseer un mundo propio, que se alimente de espiritualidad y de todo lo sensorial.

La sensualidad es resultado de un bienestar interior, donde la mujer se encuentra en un espacio de mente abierta, con conciencia de su mundo interno. La autoestima y la seguridad de una mujer íntegra le permiten descubrir esos elementos innatos en ella, que forman parte de su propia sensualidad. La mujer sensual sabe ser medida, logra manejar sus problemas y sus cambios físicos, maneja todo con inteligencia y con cierta picardía y le imprime su sello personal, siendo agradable y escuchando a los demás. Sabe darle gracias a Dios por lo que posee; está inundada de amor y esto le permite, entre otras cosas, hacer concesiones para poder cambiar unas cosas por otras, siempre haciéndose respetar.

Es la mujer que le pone un toque especial a todo lo que hace y a lo que la rodea; es cuidadosa en la ambientación de su hogar, utiliza velas, flores frescas y aromas como el incienso. Original y creativa, planea veladas románticas con champaña, *Drymartinis*, fresas y ostras. Se ilustra y se mantiene al día, leyendo obras relativas al tema, desde clásicos como el Kãmasutra, hasta obras contemporáneas.

Existe una diferencia muy marcada entre sensualidad y sexualidad. Si se es sólo sexual, se ha perdido la otra parte.

LA INTELIGENCIA

El poder de una mente inteligente no se puede subestimar porque es fundamental. Al ser inteligentes logramos volvernos indispensables, no por presencia sino por ausencia, y nos dejamos desear. En pocas palabras, seguimos enamorando a las personas sin estar presentes. La inteligencia es una cualidad que todos podemos nutrir y para esto es indispensable instruirnos al leer libros clásicos, viendo películas con mensajes profundos o rodeándonos de seres pensantes que nos hagan cuestionar, reflexionar y seguir aprendiendo de las experiencias del día a día. Con una mente abierta y atenta que logra vivir en el presente, se puede aprender de las situaciones más cotidianas y de las personas más inesperadas. El tiempo para la reflexión, lejos de las distracciones (televisión, revistas de chismes, eventos sociales) es tan indispensable para nutrir la inteligencia, como lo es el arte de mantener esta inteligencia en nuestra relación con el mundo.

EL ARTE DE SER ASERTIVA

La persona asertiva es aquella que sabe medir, captar exactamente a la persona que tiene enfrente. Analítica, observadora, natural y paciente, no es manipuladora sino auténtica, constantemente detalla a los demás y trabaja en ella misma. Una mujer es asertiva cuando se conoce a sí misma. Para lograrlo es necesario tener procesos de introspección y constante observación hacia uno mismo. Las claves para este proceso son nuestras reacciones; se debe examinar qué nos hace reaccionar fuertemente, con miedo, agresividad, impaciencia o deseo.

Otra clave para el autoconocimiento es establecer cuáles son nuestras prioridades; es importante tenerlas y también poseer valores muy claros, lo cual nos hace cuestionar muchas de las cosas que hemos considerado importantes. Muchas veces seguimos ciegamente los valores impuestos por nuestros padres o nuestra sociedad, sin cuestionar su verdadero valor para alcanzar la felicidad y el bienestar en nuestras vidas. A medida que tenemos experiencias, estos valores se van reafirmando y los que son superfluos pasan a otro plano. Al analizar nuestros valores y conocernos, por medio de éstos lograremos no sólo encontrar a las personas que serán compañeras de por vida sino también las actividades en las que nos podemos destacar.

Para ser así, es indispensable tener patrones muy claros, ser definida, no sentir temor por ser asertiva, por decir sí o no; cuando toca, hay que hacerlo. Esto es lo que produce el don del acierto. Es una manera de despejar el camino y crear un amor evolutivo para ambas partes, un amor que da y recibe y, asimismo, genera bienestar.

Cuando esto ocurre, todos los sentidos se enfocan hacia ese ser. La parte animal y sexual se abre y se genera un sentimiento del amor seguro, firme, un agradable sentimiento de bienestar para ambas partes. Lo contrario sería lo que produce ansiedad y angustia existencial, causas fundamentales del sentimiento opuesto: el desamor. Al nacer ese sentimiento tan nefasto, se desdibuja a la persona, produce inestabilidad y pisotea el amor propio.

Cuando la mujer es asertiva en una relación, ambos evolucionan con este sentimiento, crecen, el amor madura y llegan a compaginarse.

SENTIDO DEL HUMOR

Este sentido también es sensual. Al reír se expresa alegría y espíritu positivo.

Una sonrisa evita y arregla cualquier problema de pareja y la risa a su vez posee el poder mágico de componer un estado de ánimo. En cambio, una actitud negativa produce tantos efectos adversos que puede inclusive convertirse en castradora mental y lograr el aniquilamiento de su pareja.

En la intimidad, los comentarios divertidos, que evocan momentos vividos, dan un toque muy especial a la relación. Este sentido del humor también se puede convertir en un arma; cuando se trata de eludir situaciones embarazosas, sencillamente se hace buen uso de éste, se mezcla con un poco de coquetería y rápidamente se transforma la situación en algo divertido.

En el caso de recibir críticas, que en muchos casos no son agradables ni constructivas, el humor ayuda no solamente a aceptarlas sino a eludirlas con gracia. La persona que posee la capacidad de burlarse de sí misma, demuestra gran inteligencia y madurez.

LA CULTURA

No tiene estatus social, cualquiera la puede poseer y sin duda se convierte en un arma poderosa.

Una persona cultivada y que domina el arte de la conversación, cautiva a cualquier auditorio y termina por ser admirada tanto por aquél que es su objeto de deseo, como por el mundo que la rodea.

El poder de una mente educada es inmenso y permite descubrir mundos inimaginables, como puede ser la magia.

Este concepto se encuentra en todo lo que tiene que ver con el campo de lo religioso o mítico y nace de la curiosidad que siente el ser humano por todo lo sobrenatural, lo superior a la mente suya.

La mente posee grandes poderes, puede volar por medio de la imaginación y hacer realidad deseos y sueños.

La cultura permite apreciar este hecho, con ejemplos que se encuentran a través de la historia. Así, antes de buscar el amor en otra persona, hay que sentirlo, vivirlo como una vivencia personal, porque el amor anida en la mujer. Las personas pueden irse, alejarse, morir, pero si se ha vivido el verdadero amor, siempre se lleva adentro, permanece, es atemporal, no tiene espacio.

LA BONDAD

Cualidad superior que se siente, se capta en la mirada, en la expresión facial y es muy atractiva porque se convierte en la posibilidad de un futuro prometedor, optimista y tranquilo. El amor que ofrece, que da esperanzas y garantías de renovación, anuncia una comunión de cuerpo y alma; un amor de los sentidos en comunión con lo espiritual. Alcanzar este estado es muy difícil, pero es posible encontrarlo en un momento dado, y para conservarlo hay que alimentarlo, hasta lograr que permanezca, crezca y evolucione a otra etapa, lo que se logra cuando se han cultivado otras facetas.

LO SEXUAL

No puede ser un tabú para la mujer completa, quien debe conocer a fondo este tema, aprender a identificar lo que siente, lo que le produce placer y para esto, por ejemplo, se puede comenzar por autosatisfacerse. Este hábito es sano, prepara y garantiza el disfrute de una sexualidad compartida. El primer paso consiste en aprender a mirarse y apreciar el cuerpo; por el solo hecho de ser mujer ya se tienen cualidades para disfrutar de la sexualidad. Hay que resistirse a la autocrítica despiadada, que en algunos casos es común. Se trata más bien de apreciar, valorar y capitalizar la feminidad para que de la misma manera se pueda compartir con otra persona. No se debe sentir temor por explorar, observar y conocer la intimidad; por el contrario, éste es un proceso sano e importante que las mamás deberían enseñar a sus hijas para ponerlas en contacto sano con su sexualidad.

Estudiar, investigar e inclusive ver películas ilustrativas sobre el tema es ventajoso, y de igual forma, cualquier inquietud o pregunta que surja, debe ser resuelta por una persona idónea.

Una mujer en contacto con su sexualidad es muy atractiva, y esto se convierte en una especie de imán, algo inconscientemente captado por todos. Así mismo puede guiar a su pareja e indicarle el camino a seguir, para disfrutar del sexo y compartir.

En esta etapa se une todo lo espiritual con lo mental, se produce una sinergia de cuerpo, alma y mente, en un momento determinado, pero cuidado; esto ocurre en un tiempo ilimitado y de aquí surgen los ingredientes para el último punto.

EL AMOR QUE TRASCIENDE

La capacidad de transformar es lo más alto en este sentimiento; la más grande aspiración se vuelve –por ejemplo, amor por la humanidad–, un estado de gracia totalmente espiritual.

Uno de los grandes beneficios de la meditación es alcanzar este estado. En la práctica de la meditación la mente logra colocarse como si estuviera detrás de sus propios pensamientos y al hacerlo, les da el valor real. Al comenzar a meditar los pensamientos aparecen, se presentan cómo *flashes* y esto está bien; se debe permitir que así ocurra, pero poco a poco, a medida que se profundiza la concentración y se siente la respiración, los pensamientos comienzan a desvanecerse y la mente se va quedando tranquila, quieta, sumergida en este estado hasta que llega a ponerse en blanco. La sensación posterior es de calma, tranquilidad y paz. Si se adopta esta práctica y se hace parte de la rutina diaria, la vida adquiere un perfil ideal, desaparecen los sentimientos de angustia, intranquilidad y desasosiego; se esfuman los sentimientos que producen efectos incómodos o negativos, para darle el espacio a lo amable, agradable y pacífico.

LO ESPIRITUAL

Las personas que pretenden no creer en nada, llamadas "agnósticas", que según el *Diccionario de la Real Academia* significa: "Una actitud filosófica que declara inaccesible al entendimiento humano todo conocimiento de lo divino y de lo que trasciende la experiencia", no poseen recursos para sentirse equilibradas. Poder creer, tener fe, es una herramienta de vida indispensable para la mujer integral. Quien posee una vida espiritual, sabe mantenerse en armonía consigo misma, cualidad fundamental para mantener cualquier relación sentimental.

La relación con la propia conciencia es una presencia que gobierna; se puede engañar a cualquier persona, pero nunca a la propia conciencia.

Una mujer con vida espiritual, sin que importe cuál sea su credo, respeta las creencias religiosas ajenas y desarrolla cualidades como la tolerancia y el respeto hacia los demás.

EL TODO

En conclusión, se trata de sentirse orgullosa de ser mujer, satisfecha de irradiar feminidad, calidez, respeto o las cualidades que se prefiera escoger. Con voluntad y dedicación se logra realizar cualquier propósito, y en una relación se trata de impactar, de no traumatizar, recordando que la mujer es el centro, el eje de la familia, el motor de la pareja, la estabilidad de la empresa.

LA MUJER EJECUTIVA EN EL TRABAJO

El lenguaje, el tono de voz y el vocabulario que emplean los miembros de una compañía, demuestran su nivel de cultura. No debe faltar el saludo, una expresión facial agradable, el uso obligado del pronombre "usted" para dirigirse a los demás y mirar siempre a los ojos del interlocutor.

Utilizar un lenguaje oral y escrito apropiados, implica tener en cuenta el estilo que se emplee en la empresa. Conviene evitar el tuteo, las palabras informales y coloquiales, como "sardina", "chévere" o "tenaz", y llamar a los superiores por su nombre, así sean personas que se hayan conocido en circunstancias diferentes.

Es indispensable saber escuchar antes de hablar y tener la habilidad de transmitir el mensaje con el vocabulario adecuado, según el perfil de la persona con quien se está hablando.

La mujer ejecutiva debe ser delicada en todo lo que hace, no aceptar ni hacer regalos comprometedores, ni pedir prestado dinero u objetos a sus compañeros de trabajo.

No transmitir chismes ni malas noticias y, en caso de que se presenten, detenerlos sin propagarlos.

No es bien recibido apropiarse de la palabra, impedir que los demás intervengan, expresarse en forma dogmática o extenderse demasiado en las exposiciones.

Conviene aprender a dosificar el ego, evitando hablar de uno mismo, a menos de que sea estrictamente indispensable. Todos tenemos un ego y una autoestima, pero no se necesita estar recordando las propias cualidades, que de ser auténticas saltan a la vista, ni estar propagando los logros del equipo en primera persona, porque el resultado es contraproducente.

Las disputas femeninas no tienen cabida en el ámbito empresarial, es necesario acabar con rencores y rencillas del pasado para poder crecer como ejecutivas y como personas; de lo contrario el trabajo se puede convertir en un campo de batalla.

Mostrar humildad, sin aparentar que sabe todo; expresar conceptos sencillos, naturales y espontáneos; hacer pausas al hablar, no pontificar, ni pretender decir siempre la última palabra, porque esto va en contravía con la comunicación.

Todos los mensajes que se transmiten a través del lenguaje corporal, como la manera de caminar y de sentarse de una ejecutiva, forman parte fundamental del perfil de la empresa. Las compañías son como los individuos que las conforman: cada una tiene su propia personalidad, que se refleja en la presentación y el comportamiento de sus empleados.

Cuidar las posiciones y los movimientos: ponerse de pie y extender la mano para saludar y dar la bienvenida a quien se acerque al lugar de trabajo, invitar al visitante a sentarse, ofrecerle una bebida, escuchar su mensaje sin atender llamadas ni aceptar interrupciones, y despedirlo acompañándolo hasta la puerta.

Cuidar que las lociones y perfumes que usa, lo mismo que los ambientadores y fragancias sean discretas, para no incomodar o marear al que ingrese a su oficina.

Es indispensable ser puntual, no hacer esperar a nadie, cumplir lo establecido en el tiempo correcto, no terminar el arreglo personal en el baño, ni aprovechar las horas de trabajo para asuntos personales.

La honestidad, la paciencia, el espíritu de servicio, la consideración hacia los demás y la generosidad son cualidades indispensables para ocupar cualquier cargo que se relacione con el público.

La mujer ejecutiva debe proyectar que se siente a gusto y realizada en su trabajo y que es un miembro orgulloso de la compañía a la que pertenece. Si le toca desempeñar un cargo que no le gusta, debe sentir premiadas las dificultades y sacrificios con la satisfacción del deber cumplido, si quiere vivir en armonía consigo misma y con los demás.

❀LA MUJER EJECUTIVA EN EL HOGAR❀

El hogar es el espacio donde cada persona puede mostrarse realmente como es, y por lo tanto el sitio privilegiado para poner a prueba los cambios alcanzados en materia de imagen. En primer término porque allí es donde se da rienda suelta a la dimensión social y familiar de la vida, y también porque cada rincón de la casa se convierte en una extensión de la propia personalidad.

La mujer debe velar porque cada miembro de la familia participe en las labores del hogar y en el arreglo de la casa, especialmente cuando se tienen visitas.

La mesa, sin duda, es uno de los mejores escenarios para hacer partícipes a todos los miembros de la familia en las distintas actividades, como por ejemplo, poner la mesa una persona diferente cada día. Así cada cual podrá usar su creatividad para las distintas comidas y, lo que es más importante, compartir las labores domésticas que se vuelven demasiado rutinarias y pesadas cuando no se cuenta con la ayuda de todos.

La mujer puede motivar la participación general, cuando se trate de una celebración como el cumpleaños de algún miembro de la familia.

A la hora de organizar un evento se deben seguir las recomendaciones del homenajeado: A quién quiere invitar, qué tipo de reunión quiere hacer, cuáles son sus platos preferidos, etc. Hacer a los niños partícipes de los detalles, ayudando a empacar las sorpresas para sus amigos o a elegir el menú, los hace sentir importantes y les enseña a asumir y a responder por las tareas encomendadas.

El hogar es tan importante, que en el contexto empresarial se considera una gran deferencia invitar a los ejecutivos a comer o a tomarse un aperitivo en la casa. En estos casos, lo ideal es ofrecer platos preparados allí, para demostrar el interés del anfitrión por atender a sus invitados.

❦ETIQUETA EN LA MESA❦

Hay muchas maneras de agasajar a los amigos o compañeros de trabajo. Puede ser alrededor de una taza de té; con un cóctel, en el cual se disponen variedad de bebidas y bocados especiales, para que se disfruten en el transcurso de la noche, o bien una gran cena con los comensales sentados a la mesa.

Cualquiera que sea el tipo de encuentro, hay ciertas formas que deben guardarse:

Poner la mesa con un mantel de lino, algodón o bordado y sus servilletas compañeras, que debe caer veinte centímetros por cada lado.

La vajilla más apropiada es de color blanco y los cubiertos que la acompañan pueden ser de plata o materiales afines, hasta llegar al acero inoxidable.

Los cubiertos se distribuyen a ambos lados del plato: a la derecha, los cuchillos con el filo hacia adentro, junto a la cuchara de sopa. Los tenedores a la izquierda.

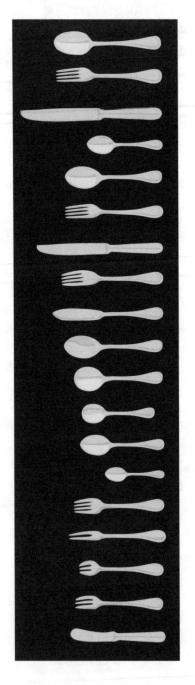

CUCHARA DE MESA

TENEDOR DE MESA

CUCHILLO DE MESA

CUCHARA DE CAFÉ

CUCHARA DE POSTRE

TENEDOR DE POSTRE

CUCHILLO DE POSTRE

TENEDOR DE PESCADO

PALA DE PESCADO

CUCHARA DE SALSA INDIVIDUAL

CUCHARA DE CONSOMÉ

CUCHARA DE HELADO

CUCHARITA DE TÉ

CUCHARITA DE TINTO

TENEDOR PARA ENSALADA

TENEDOR DE MARISCOS

TENEDOR DE OSTRAS

TENEDOR DE PASTELES

PALA DE MANTEQUILLA

Si en la comida hay un postre a base de harina, el tenedor de postre se coloca frente al plato, con el mango hacia la derecha. Debajo, en sentido inverso, la cucharita.

Todos los cubiertos que se colocan alrededor del plato deben usarse por parejas y en el mismo orden en que están dispuestos, de afuera hacia adentro, en dirección al plato. La cuchara de sopa es la única que se coloca y se usa sola.

Nunca se deben poner más de cinco cubiertos en cada puesto, porque una cena equilibrada debe contener máximo cinco preparaciones.

Entre las muchas maneras que hay de arreglar la mesa, al estilo inglés se colocan la ensalada y el pan del lado izquierdo, mientras que al estilo francés, el pan se coloca a la derecha y las cucharas volteadas, de manera que se vean cóncavas.

Si al comer se respeta la costumbre europea o continental, el tenedor y el cuchillo permanecen en las manos izquierda y derecha respectivamente, para trinchar y comer. El resto de los occidentales después de trinchar de la misma manera el alimento, apoyan el cuchillo sobre el plato, cogen el tenedor con la mano derecha y se llevan la comida a la boca.

La cristalería se dispone a la derecha del plato, empezando por la copa de agua, situada frente al cuchillo más grande, y en seguida las copas de los vinos seleccionados de acuerdo con los platos.

A la hora de elegir el menú, el presupuesto y el carácter del encuentro determinan la selección de la comida y las bebidas.

Si se ha elegido la hora del té, lo más indicado es acompañarlo con pequeños bocados de sal y de dulce. Una opción puede ser: pasteles de hojaldre o de otros tipos de pasta, rellenos con champiñones y queso, camarones o vegetales. También se puede ofrecer variedad de panes para untar con mantequillas aromatizadas con especias o hierbas; "paté"; una mousse; galletas de diferentes sabores —nuez, almendra o canela—, o bien, postre o ponqué.

En el caso de un cóctel, las posibilidades son múltiples. Se puede optar por un menú frío, fácil de servir: diversidad de

carnes y quesos madurados, verduras como berenjenas, alca-
chofas y champiñones preparados en vinagres o aceites
aromatizados, con ensalada de frutas y lechugas. Para elegir el
menú de una comida o cóctel se debe tener en cuenta el balance de los alimentos de acuerdo con el grupo alimentario:
formadores, que incluyen carne y pescado; reguladores: verduras y frutas, y energéticos: cereales y tubérculos. También
hay que saber jugar con las texturas y los colores de los alimentos, y ser muy cuidadoso con los procedimientos culinarios.
Lo adecuado es servir en un mismo plato alimentos preparados al vapor, al horno, fritos o aderezados con salsa. En términos de imagen, nada se lograría si se comienza con una
entrada de mariscos sin el vino apropiado, se continúa con un
pollo asado y se termina con un postre típico colombiano. En
cambio, causaría muy buena impresión, un almuerzo típico
servido en un jardín, con variedad de carnes, una ensalada fresca
y los postres adecuados.

Al elegir los platos se debe tener en cuenta la procedencia y los hábitos alimentarios de los invitados. Es mejor dejar de lado las recetas extremadamente complicadas a la hora de comer y las preparaciones que exijan mucho tiempo y dedicación. Hoy se valoran mucho más los platos sencillos y frescos, con los frutos y verduras en cosecha, sobre todo en las horas de la noche cuando es más difícil digerir los alimentos.

Cuando se tiene entre manos un evento especial, no hay que experimentar nuevas recetas ni preparaciones complicadas; es mejor servir aquello que ya se ha preparado y se domina su punto de cocción.

En cualquiera de estas circunstancias, el anfitrión tiene la oportunidad de agasajar a sus amigos y conocidos e imprimirle un sello personal a cada ocasión.

La anfitriona es la responsable del bienestar de todos sus invitados. Por eso debe mantener un tono agradable en la conversación, cambiar de tema si se tiende a polemizar en torno a tópicos como política o religión, solucionar los inconvenientes si algún comensal se pasa de copas y estar atenta a la multitud de detalles implicados en la ejecución de una reunión agradable: limpieza y decoración de la casa para la ocasión, diseño de un menú equilibrado y de acuerdo con los hábitos alimentarios de los invitados, aprovisionamiento del bar con variedad de licores y vinos de acuerdo con el menú, y selección de una música adecuada.

❧ LAS INVITACIONES ❧

Hay unas normas muy sencillas que se pueden seguir para elaborar correctamente una invitación y su respectivo sobre, según el tipo de evento.

De la misma forma, al recibir una invitación se deben seguir ciertas recomendaciones para confirmar, cancelar, agradecer o corresponder una invitación.

La forma como se haga la invitación, la manera de entregarla y el tiempo prudencial que se guarde para enviarla son factores claves para que una reunión tenga éxito. Los pasos a seguir son los siguientes:

☞ Quiénes invitan.

☞ A quién se invita.

☞ Motivo de la invitación.

☞ Tipo de reunión.

☞ Fecha, hora y lugar.

☞ Cómo vestirse.

Cómo se va a esperar la respuesta, la confirmación o la cancelación. Si es un evento muy grande, usualmente no es necesario contestar. La organizadora, simplemente, calcula la asistencia según el caso y la fecha. De todas maneras, lo más correcto es responder siempre.

En caso de que sea un requerimiento, se debe escribir que es indispensable entregar la invitación a la entrada con el sobre.

Indicaciones especiales de parqueo, si las hay. Adjuntar un mapa o un plano para ubicar el lugar de la recepción, si se requiere, cuidando que el gráfico, las indicaciones y la letra sean muy claros y precisos.

La presentación es muy importante: el tamaño, el color, la tinta y la clase y la textura del papel deben adaptarse a la importancia de la reunión. Para asesorarse al respecto, conviene remitirse a las tipografías y examinar los modelos que tienen de muestra. Para evitar desaciertos, lo mejor es regirse por lo tradicional, tanto en el tamaño como en el color, la letra, la textura y el tipo de papel. La originalidad se debe restringir a las ocasiones de publicidad o corporativas. En el plano social es mejor conservar los parámetros establecidos para no incurrir en detalles de mal gusto o en errores perjudiciales para alcanzar el éxito del evento.

En cuanto al tamaño, la proporción ideal es la que establece aproximadamente tres unidades de alto por cuatro de ancho, o viceversa. Hoy en día se emplean gran variedad de tamaños; inclusive es usual el formato cuadrado. Depende del gusto de cada uno.

Entre las invitaciones litografiadas, impresas o escritas con láser, se consideran las mejores, las que se mandan a imprimir utilizando plancha de cobre, que se reconocen porque llevan las letras, los logotipos o los escudos realzados, algunas veces dorados, plateados o de colores.

Una invitación para una ocasión especial e importante como es una conmemoración de bodas de plata o aniversario, se hace llegar con tres semanas de anticipación. Para un matrimonio un mes antes y para un evento empresarial con dos semanas de antelación.

Al ser invitados el señor con su señora a una recepción oficial o diplomática, es imprescindible que ella asista, pero en el caso de que se tenga que excusar, debe llamar a averiguar si el señor puede asistir solo.

Las invitaciones que se hacen al Señor Presidente de la República, se tramitan a través de su secretario privado y la Casa Militar del Palacio Presidencial.

LOS SOBRES

Es mejor escribir a mano los nombres en los sobres, pero en casos empresariales puede hacerse en computador, con letra semejante a caligrafía.

Para escribir los nombres en los sobres hay parámetros establecidos por la etiqueta, a saber:

Jóvenes menores de 13 años: Niño Pedro López Rodríguez, Niña María Pérez Torres.

Mayores de 13 años: Joven Pedro López Gómez, Señorita María Pérez Torres

Mujeres casadas: Señora María de López o Señora María Pérez de López o Señora María Pérez (si conservó su apellido de soltera).

Pareja de casados: Señor Pedro López Rodríguez y Señora.

Novios que viven juntos: Señorita María Pérez Torres. Señora María Pérez Torres (si ya estuvo casada o es madre soltera), Señor Pedro López Rodríguez

Mujer viuda: Señora María Pérez de López o Señora María Pérez Torres (no se usa el viuda de...).

Mujer divorciada: Señora María Pérez Torres.

Madre Soltera: Señora María Pérez Torres.

Pareja, cuando la mujer tiene un cargo importante. Si es corporativa u oficial: Doctora María Pérez Torres. Ministra de..., Señor Pedro López Rodríguez (en otro sobre).

En caso de que sea una invitación que hacen unos amigos a la misma pareja, a quienes ya conocen desde antes que ella ocupara el cargo: Señor Pedro López Rodríguez y Señora

Las abreviaciones no se emplean cuando hay suficiente espacio para escribir el nombre completo.

Evitar Dn. Pedro López Rdgz.

Lo correcto es: Don Pedro López Rodríguez

Si se quiere invitar al esposo de una mujer que ocupa un cargo importante, se consulta con su secretaria antes de enviarle la invitación y se escriben dos sobres aparte:

Señora María Pérez Torres y Señor Pedro López Rodríguez

Un sobre empresarial se puede empacar en plástico para ponerle encima el sello de la compañía a cargo del envío. Adentro va la invitación con las iniciales E. S. M. (en su mano), escritas debajo del nombre, en lugar de la dirección.

Es muy importante actualizar, revisar y confirmar los nombres y las direcciones antes de escribir los sobres.

Los nombres y los cargos deben ser los que identifican a la persona en ese momento. Así, a una persona que ya no ocupe un cargo, no se le puede seguir acompañando el nombre con su investidura anterior. La excepción es cuando se trata de alguien que haya ocupado la Presidencia de un país y se haya destacado al hacerlo, no se escribe: Señor ex Presidente, sino Señor Presidente fulano de tal.

En muchas empresas se usa para los cargos directivos: doctor, doctora, señor o simplemente la profesión, así que este dato se averigua cuando se llama a confirmar la dirección y se aclara cualquier confusión relacionada con la ortografía del nombre, sobre todo si es en otro idioma.

Hay que confirmar el estado civil del invitado porque a una persona divorciada, separada o cuya pareja falleció, no se le puede seguir invitando con la misma persona.

Las direcciones se escriben en un listado, que debe firmar la persona que recibe el sobre.

La entrega de las invitaciones de carácter formal se hace a mano y para ello conviene consultar con las organizaciones especializadas del ramo.

RESPUESTA

Cuando se trata de una ocasión de protocolo, la invitación recibida se contesta en el término de las 48 horas siguientes, ya sea llamando por teléfono o por medio de una nota especial, en un tarjetón en el cual aparece el nombre de la persona.

Para refrescar una invitación que se ha hecho personalmente o por escrito, dos o tres semanas antes del evento, los franceses usan unas tarjetas pequeñas con sobre compañero, denominadas *pour memoire*, que significa "para recordar", que envían con cinco días de anticipación. Lo mejor es mandar a timbrar tarjetas especiales con este encabezamiento y con espacios en blanco para llenar en cada caso. También se puede imprimir una tarjeta en el mismo papel y con la misma letra que la enviada inicialmente, que lleve una leyenda resumida especificando fecha y hora, o usar el mismo tipo de tarjeta de la invitación y escribir a mano en la esquina superior: "para recordar", con el sobre también escrito a mano.

En el caso de un matrimonio no se usa esta tarjeta. Las invitaciones a una boda preferiblemente se responden con una nota escrita a mano, que se mandan antes de que se cumplan dos días

CLARA ROZO ORTEGA

Diana:
Mil gracias por tu invitación, no pude asistir
por mis problemas de salud, pero te acompañé
muy de cerca.
Estoy segura que tu libro será todo un éxito.
Tu amiga que te quiere,

Clara

de haberla recibido. Preferiblemente se contesta en una esquela de color blanco o beige, con tinta negra o azul, o en un tarjetón personal, con el nombre de la persona impreso a la plancha o en litografía en la parte superior izquierda.

Para asegurar la respuesta a una invitación, se escribe en la parte inferior con letras mayúsculas R. S. V. P., que en francés significa: *Répondez s'il vous plaît*, o S. R. C., en español: se ruega contestar, y a continuación se especifica la dirección o el teléfono a donde se puede dirigir la respuesta.

En casos de bodas o recepciones muy grandes, se incluye un sobre estampillado (empresarial) con una tarjeta impresa en el mismo estilo o en la cual dice sencillamente que se acepta la invitación. También hay otro tipo de tarjeta que tiene un espacio en blanco para poner el nombre y luego dice "sí acepta" o "sí se excusa", y por último la fecha. Esta contestación se debe enviar en un plazo máximo de dos días después de haber recibido la invitación.

Cuando la invitación se ha enviado por fax, lo cual es informal, se contesta por el mismo medio.

Las invitaciones hechas por teléfono, se responden igual. Hoy en día, es usual entre amigos el que sea una secretaria quien llame a hacer la invitación y confirme la recepción de los fax. Al recibir la razón, el invitado contesta en la misma forma o llama personalmente. Es un deber del invitado contestar lo más pronto posible para facilitarle al anfitrión el manejo de la recepción. Cuando hay inconvenientes, por ejemplo si va a realizar un viaje o hacerse una operación, se avisa explicando la razón por la cual no puede aceptarse inmediatamente y si los anfitriones lo permiten, se ofrece que en determinada fecha se da la respuesta definitiva y se cumple puntualmente. Si se nota que no hay un interés particular en dar el tiempo para avisar, gentilmente se declina la invitación.

En ocasiones formales no se llama a preguntar si se puede asistir con alguien más, excepto que exista una amistad muy cercana. Tampoco se lleva a otra persona sin avisar.

OTRAS INVITACIONES

Todas las invitaciones escritas se rigen por los mismos principios. En caso de eventos informales, se hacen por teléfono, fax o personalmente, inclusive en algunas empresas, cuando se trata de eventos internos, se invita por correo electrónico.

En las empresas y en los organismos del gobierno o diplomáticos se tienen unas invitaciones impresas para enviar según la ocasión, con algunos espacios en blanco para llenar a mano, con el mismo color de la tinta usada al imprimir la tarjeta.

Cuando se trata de un homenaje, en la esquina izquierda superior se escribe a mano el motivo de la invitación, el nombre de la persona y la razón del evento.

Leonor Casas de Mora
José Luis Pérez y Paulina Mora de Pérez
Eduardo Saenz y María Mora
y sus hijos

tienen en gusto de invitar a la Eucaristía y a
la recepción que ofrecerán con motivo de los noventa años de

Carmenza Mejía de Mora Suárez

el viernes treinta y uno de agosto de dos mil cinco a las siete de la noche.

Traje de calle   R. S. V. P. 352 59 81
Salón principal del Country Club   Barranquilla

CORPORATIVA

Alonso Carvajal Quijano
Presidente de Industrias Carvajal
y
Patricia Arias Lozano
Gerente General de Fundación Los Carvajal

Con motivo de la celebración de los veinte años de la Empresa,
se complacen en invitar a usted a un almuerzo rueda de prensa
que contará con la presencia de Leo Smith Presidente de Harvard Corporation
el lunes diez de octubre de dos mil cinco.

Lugar: Salon La Cigarra
Hotel La Fontana
Hora: 12:00 m   R. S. V. P.
Habrá traducción similtánea   211 40 20 - 210 00 03

Esta tarjeta es personal e intransferible

*En conmemoración del onomástico
de Su Majestad
la Reina Elizabeth Segunda
El Embajador Británico y la señora Morris
tienen el honor de invitar a*

*a la Recepción
el viernes once de junio de las 1200 - 1400 horas*

*R. S. V. P
Embajada Británica
6-10-12-43*

Calle 87 No 10-20

Por favor, presente la invitación a la entrada

VESTUARIO SEGÚN LA INVITACIÓN

Tanto al recibir una invitación como al enviarla, la preparación mental involucra la escogencia del atuendo adecuado para la ocasión.

Así se posean los conocimientos básicos, en caso de dudas es mejor cerciorarse de que se asistirá vestida apropiadamente. Con una llamada al anfitrión, cualquier duda quedará resuelta, pero en el caso de que no se logre, simplemente se parte de la siguiente información:

Si en la invitación no dice qué atuendo usar, impera el sentido común. Para el día se usa traje de calle, ya sea un sastre o un traje que se escoge según el clima y el color que le queda bien a quien lo lleva. Lo mejor es ir vestida con un sastre de un solo color, cartera y zapatos compañeros y medias sin diseño. Durante el día se usan los colores claros y pasteles; materiales no muy livianos, transparentes ni brillantes, y sombrero según la ocasión, que se quita al entrar a un recinto cerrado. En las horas de la noche lucen los colores intermedios u oscuros. Después de las seis de la tarde se lleva terciopelo, falla o charol, y a partir de las ocho, encajes, ante, lamé y demás materiales brillantes.

No se debe usar ropa incómoda, que quede apretada, muy ajustada, ni de materiales que piquen o se arruguen más de lo normal.

Las faldas muy cortas y los escotes que muestran el comienzo del busto es mejor dejarlos para la noche.

Si no conocemos bien a quien nos invita ni a los demás invitados, conviene ser discretos al elegir las prendas de vestir. La discreción es la consigna. Se deben evitar los atuendos de última moda y las joyas ostentosas. Como dice el proverbio popular: "siempre es mejor ir menos vestida, que demasiado vestida".

La anfitriona no debe vestirse demasiado atractiva y sexy, de manera que opaque a las demás invitadas, y está en el deber de darles la información exacta del tipo de evento y el atuendo apropiado para la ocasión.

Si no se ha preguntado con anticipación qué se debe llevar, lo infalible es escoger un atuendo clásico y discreto, mejor falda que pantalón, para pasar desapercibida y no correr el riesgo de ser el hazmerreír de la reunión.

En cada país existen reglas tácitas, que se supone que tanto los anfitriones como los invitados deben conocerlas y respetarlas, inclusive cuando se desempeña este papel en un país al cual se acaba de llegar. Por ejemplo, entre los europeos se considera de mal gusto ponerse un atuendo que se note que se está estrenando. Para los estadounidenses, en cambio, esto no tiene importancia, incluso es común salir del almacén con la ropa recién comprada puesta y así mismo dirigirse a la reunión.

En ocasiones formales siempre está escrito en la invitación el tipo de traje que se espera que luzcan los invitados. Por ejemplo dice: "traje formal", "vestido de cóctel", "corbata negra", o en ocasiones de protocolo oficial o diplomático: "corbata blanca".

Si no se tiene el traje que requiere la invitación o no se puede alquilar, es mejor abstenerse de asistir, dado que estos atuendos no admiten reemplazos.

Una clave para no fallar en el atuendo apropiado es tener siempre presente que el vestuario se debe adaptar a la silueta, a la edad, al medio, al clima y a la ocasión. Recordar que la calidad y la comodidad priman sobre la cantidad o la moda, para sentirnos a gusto con la ropa escogida.

Los vestidos largos, de uso indispensable en las recepciones fomales, como puede ser un matrimonio de "corbata negra", un baile o un banquete de "corbata blanca", requieren complementos muy claros en el arreglo personal, como son un peinado diferente al de todos los días, joyas más grandes, por ejemplo un aderezo, y si el clima lo permite, guantes largos hasta el codo.

Cuando la invitación dice "traje informal", generalmente se trata de ocasiones campestres, pero eso no quiere decir que se pueda asistir en *shorts, jeans*, camiseta o con la ropa vieja, sino que los hombres pueden asistir sin corbata, por ejemplo, con un suéter de cuello alto, un *blazer* o una chaqueta de gamuza y un pantalón de pana o de gabardina. Las mujeres con un conjunto o sastre de falda o pantalón. En climas cálidos, con un pantalón de dril o de lino y una camisa abierta, de manga corta o larga.

"Corbata negra" o *smoking* quiere decir que es una reunión formal que comienza a partir de las 8 p. m. Por lo tanto, no se debe exigir el uso de este atuendo cuando la reunión es de día, para evitar que los invitados se confundan con el personal de servicio.

El "*smoking* tropical" se usa en climas cálidos. Se compone de una chaqueta blanca en material liviano, acompañada de pantalón y camisa con abotonadura y demás prendas del *smoking* negro. La diferencia básica está en que los materiales son menos calurosos. Se usa en barcos o cruceros y en ocasiones formales durante el verano, en algunos países como Estados Unidos.

La denominada "corbata blanca" o frac es el traje más formal y por lo tanto requiere un estricto cumplimiento de la vestimenta.

Si no se tiene todo lo necesario es mejor no asistir. Por lo general se usa en matrimonios muy elegantes por la noche. Las mujeres van de traje largo, sobrio y con abrigo largo o estola de piel. Los militares llevan el uniforme número uno.

El sacoleva es un traje formal para recepciones durante el día. En Colombia antiguamente lo usaba el presidente al mediodía, para asistir a su acto de posesión, pero el protocolo cambia a veces por costumbre y a veces por decreto. Se usa el día de la boda, pero el sacoleva del novio no puede ser igual al del padrino porque se considera una falta de protocolo. Los padres de los novios deben ir con el mismo vestido que escogió el novio, ya sea en traje formal o de calle. Las parejas femeninas, por ejemplo la del padrino, asisten con sastre o su equivalente en materiales apropiados para el día, o sea que se deben evitar los terciopelos y las sedas brillantes. Los colores ideales son claros o pastel, seleccionado de acuerdo con lo explicado en la teoría del color, que se encuentra a partir de la página 24.

Los trajes de etiqueta son clásicos, no admiten modificaciones ni rasgos de originalidad, que se consideran de mal gusto, por ejemplo, llevar un corbatín rojo, una abotonadura o mancornas exageradas, cambiarle el diseño al saco o reemplazar el material tradicional por otro. Los zapatos de ceremonia deben ser lisos, tipo zapatilla o de amarrar, en charol, ante o seda, nunca en cuero.

Si la invitación no especifica qué tipo de traje usar, lo mejor es que el hombre vaya vestido de azul oscuro o gris, nunca de traje combinado; camisa blanca y corbata de color intermedio u oscuro, sin mucho diseño. La mujer usa un vestido o falda con una blusa o *top* de noche y una chaqueta o abrigo que coordine. En tierra caliente siguen las mismas reglas, adaptadas al clima.

Los accesorios deben hacer juego con la vestimenta, a saber: zapatos clásicos, cartera pequeña, joyas complementarias, perfume y colonia discretos, peinado, afeitada y maquillaje impecables y aliento fresco.

Los anfitriones deben vestirse igual que los invitados, con la intención de ser discretos para no eclipsar la elegancia de los demás. Las vestimentas llamativas se deben evitar, como son los vestidos muy ajustados, transparentes, muy cortos o demasiado descotados. La gran cualidad que se debe proyectar es la discreción.

❦EL ARTE DE DAR LAS GRACIAS❦

En el ajetreo de la vida moderna nos hemos olvidado de actos sencillos que se consideran de la más elemental educación. Cuando alguien ha tenido algún gesto amable con nosotros, deberíamos tener como máxima: siempre dar las gracias.

En el contexto de la vida privada hay muchas maneras de reflejar nuestra personalidad. Una de ellas es la forma como agradecemos las atenciones que otros nos brindan, a través del envío de notas, flores o algún regalo.

Cuando se ha sido invitado de honor a algún evento, se ha sido objeto de diversas atenciones o se ha recibido algún regalo, hay que manifestar agradecimiento; puede ser a través de una llamada telefónica o del envío de una nota escrita a mano, lo más pronto posible, para que el mensaje contenga ese aire de espontaneidad que inspira a decir lo agradable que se siente por haber sido tenido en cuenta y, de paso, confirmar la asistencia o excusarse otra costumbre que se ha ido perdiendo, a pesar de que en la tarjeta de invitación generalmente se ruega el favor de hacerlo.

Se supone que una invitación se contesta en un plazo máximo de 48 horas después de haberla recibido. La ausencia de esta norma de educación obliga a los anfitriones a destinar tiempo y muchas veces personas para llamar a los invitados y confirmar su asistencia, lo cual no es amable ni considerado con él.

La manera de declinar una invitación dice mucho de los modales de la persona. No debe hacerse el mismo día, ni a escasas horas del evento, pues es claro que el anfitrión se ha tomado todas las molestias para recibir determinado número de invitados y cualquier falla a última hora le sale costosa y le causa incomodidades.

No es pertinente rechazar una invitación para aceptar otra que se considera de mayor importancia. Si se quiere proyectar una imagen adecuada es importante ser claros desde el principio y no aceptar compromisos que no estamos dispuestos a cumplir.

Después de haber asistido a una recepción, se deben dar las gracias al día siguiente. La manera más sencilla es llamar por teléfono y aprovechar para hacer algún comentario positivo de la reunión.

En el único caso en que no se llama a dar las gracias sino que se envía una nota escrita a mano o un mensaje por correo electrónico es cuando la recepción fue de más de treinta personas, para no obligar al anfitrión a pasar todo el día contestando el teléfono.

Una manera muy especial de dar las gracias es enviar flores, chocolates o unos caramelos con una nota.

❦EL LENGUAJE DE LAS FLORES❦

No se sabe en qué época comenzaron a usarse las flores para demostrar agradecimiento, pero lo que es seguro es que a todos nos alegra recibirlas. En América, generalmente, se envían o se entregan a una mujer, pero en otros continentes se utiliza una sola flor o una mata, para homenajear a los señores, no a los niños, y conviene que quien las recibe sea mayor que quien las ofrece.

Las flores poseen la magia de hacer olvidar y perdonar, despertando un sentimiento positivo hacia el oferente. Pero indudablemente las mejor recibidas son las que llegan de sorpresa, sin razón determinada, enviadas con la sencilla intención de agradar.

Las flores tienen un sentido romántico, por eso siempre están presentes en las bodas: se emplean en los ramos de la novia y sus damitas de honor, en el ojal del vestido del novio y de los padrinos, en la decoración del automóvil, de la iglesia y del lugar de recepción, incluso algunos tapizan con pétalos el camino de entrada de los novios a la ceremonia y otros forran con flores el mango del cuchillo para cortar el ponqué.

Cuando se trata de obsequiar flores para agradecer una invitación, conviene enviarlas antes de la recepción para no encartar a la anfitriona en el momento de la llegada, dado que por cortesía, ella deberá ponerlas inmediatamente en un florero con agua, a la vista de todos, y para hacerlo debe trasladarse a la cocina y dejar a los invitados.

Las flores se acompañan con una tarjeta que lleve el nombre impreso y ojalá un mensaje escrito a mano por la misma persona que las envía y en su respectivo sobre.

Al colocar las flores en el florero se les quita la tarjeta de la persona que las envió.

Nunca se envían flores sin tarjeta, este gesto conlleva un mensaje tan negativo que se recibe como una ofensa.

El mismo invitado lleva las flores únicamente cuando se trata de amigos íntimos. También puede enviarlas al día siguiente de la invitación, si no pudo hacerlo la víspera, o cuando la recepción del caso se ha realizado en un lugar distinto a la casa del oferente. No se llevan flores la primera vez que se está invitado a una casa.

Se obsequian plantas únicamente cuando se trata de celebraciones tipo cumpleaños, aniversarios o Navidad. Entonces, el anfitrión da las gracias tan pronto saluda al invitado.

A los enfermos se les envían flores sin olor, y si están en una clínica u hospital es mejor enviar un arreglo floral, pero antes conviene averiguar si está permitido, porque muchas instituciones lo prohíben. En ese caso, lo mejor es esperar a que la persona se encuentre en su casa para recibirlas y las pueda disfrutar mucho más.

Como detalle de buen augurio, se regalan y se arreglan las flores en número impar.

Las flores conllevan un mensaje implícito, de acuerdo con su significado, mundialmente reconocido:

- Rosas: amor
- Rosas blancas (Tineke): confío en tu amor
- Rosas *beige* o crema (Océana): me siento feliz de amarte
- Rosas lila (*May blue*): eres la más bella
- Rosas rojas (Aleluya): mi amor es fuerte
- Rosas fucsia (Lancome): tu amor es mi devoción
- Rosas salmón (Julie Delbard): te amo cada día más.

El mensaje del color:

- Flores color ámbar: paz
- Amarillas: esperanza, éxito, amistad
- Blancas: fidelidad, ternura, pureza
- Crema: belleza, alegría
- Lila: armonía, persistencia
- Rojas: amor, pasión
- Rosadas: confianza, felicidad, tranquilidad
- Salmón: amor, amistad, pasión.

Flores con sentimiento:

- Acacia: deseo de amor puro, de complacer a la persona amada
- Albahaca: odio
- Anémona: soy perseverante, pero ¿por qué me abandonaste?
- Azalea: moderación
- Begonia: cordial amistad
- Crisantemo: amor terminado
- Dalia: reconocimiento
- Flor de lis: pureza
- Flor de naranjo: generosidad
- Geranio: sentimiento
- Gladiolo: indiferencia
- Hortensia: orgullo
- Jazmín: me embriagas, amor voluptuoso
- Lavanda: ternura y respeto
- Magnolia: fuerza
- Margarita: te estaré esperando
- Miosotis: no me olvides, recuerdo fiel
- Mirto: traición
- Orquídea: fervor
- Pensamiento: pienso en ti con afecto
- Siempreviva: te amaré toda la vida
- Tulipán: declaración de amor, mi amor es sincero
- Violeta: amor escondido. Modestia.

❀LAS ATENCIONES❀

Reconocimiento por un favor: se agradece este gesto con una tarjeta o carta redactada en un estilo afable o con un regalo que esté a la altura del favor.

Agradecimiento a personas desconocidas: se refiere a las personas que nos ceden el puesto, por ejemplo, o que nos ayudan a cargar un paquete o a salir de un apuro, como despinchar una llanta o desvarar nuestro carro. Se da las gracias con una sonrisa y una expresión amable o con un gesto, como inclinar la cabeza, como señal de gratitud.

Al recibir un regalo: en cualquier ocasión, ya sea después de un cumpleaños o de un matrimonio, se expresa la complacencia con una nota escrita a mano, en una tarjeta doble, impresa con el nombre de la persona o personas que recibieron el obsequio, en la cual se hace mención del objeto recibido, agregándole un calificativo.

Después de un fin de semana o una estadía en casa de un amigo: se debe escribir una nota en un papel o en una tarjeta correspondiente, expresando el sentimiento de complacencia por la agradable permanencia. También se puede enviar un correo electrónico o hacer una llamada, tan pronto se llega al lugar de origen. Las palabras que se emplean deben hacer referencia a datos particulares de la ocasión, sin escatimar calificativos positivos. Si se quiere ir más allá, enviar chocolates o bombones.

Otra forma aún más especial de agradecer es invitar a un almuerzo o cena, no sólo a los anfitriones sino a todos los que hayan compartido la misma ocasión.

❧ AGRADECIMIENTOS EN OCASIONES ESPECIALES ⚓

Las palabras se olvidan, los escritos permanecen y refrescan la memoria, cimentando las buenas relaciones, en cuanto se califican como un acto inolvidable que denota buenas costumbres y refinados hábitos. Para ese efecto y para varios similares conviene mantener tarjetas personales y de pareja, sencillas o dobles, para enviar notas de agradecimiento, que siempre alegran a su destinatario.

Agradecimiento por señales de condolencia: se envían a todos los que se manifestaron de una u otra forma, ya sea que hayan asistido o no a las honras fúnebres. Se utilizan tarjetones dobles

impresos con lo nombres de los deudos, grabados en letras negras y doradas o plateadas, y con una simple leyenda que diga:
"Agradecen por las manifestaciones recibidas con ocasión del
fallecimiento de...". En caso de muerte de un personaje se publica en un diario local una nota de gratitud con los nombres de
todos los familiares y se puede acompañar con una nota aclaratoria
que diga: "debido a las múltiples manifestaciones de condolencia recibidas, se agradece de este modo".

CARA PRINCIPAL

Antonio Mejía-Salas Lora
Pedro Noguera y Silvia Mejía de Noguera e hijos
Susana y José Miguel Bravo Mejía

agradecen profundamente sus manifestaciones de
condolencia con motivo de su reciente duelo

Enero de 2006

Por habernos conseguido una cita especial: el reconocimiento puede hacerse por teléfono, si existe la suficiente amistad. Si no, conviene enviar un detalle con una nota, unas flores, chocolates o frutas. También es usual invitar a la persona a almorzar o a cenar, en señal de agradecimiento y para comentar cómo le fue en la cita.

Atenciones a extranjeros: si se trata de corresponder atenciones con amigos que viven en el exterior y están de paso por nuestro país o con ejecutivos de otras nacionalidades con quienes se quiere tener un gesto de cortesía o afecto, se les puede hacer llegar un pequeño detalle con una nota, por ejemplo, un libro sobre el país, una selección de frutas tropicales, dulces típicos o flores, medio universalmente aceptado para expresar sentimientos en toda ocasión.

✣PREPARÁNDOSE PARA EL CAMBIO✣

Cultivar las amistades es una tarea que pone a prueba las destrezas en materia de relaciones públicas. La clave está en no hacer a otros lo que no queremos que nos hagan a nosotros. El hogar es el mejor lugar para aprender este principio y recibir también las primeras orientaciones que dirigirán la vida adulta, como son: el valor del dinero, el juego, saber perder, saber ganar, la importancia del silencio y de hablar sólo cuando se tiene algo que decir, entre otras muchas cosas.

Quienes critican el cambio de imagen como una imposición de diversas posturas, deben considerar que construir la imagen tiene como único propósito hacer más placentera la vida y preparar a la persona para enfrentarse al mundo. No hay que esperar a que la vida lo obligue a uno a cambiar.

La tendencia es que los cambios ocurran bajo ciertas circunstancias:

Cambio en situaciones extremas: la forma más frecuente de afrontar el cambio, no la más conveniente, es en circunstancias límites, como una enfermedad o un accidente automovilístico, un evento que conlleva la experimentación de un gran dolor o una situación de crisis por un revés repentino en la propia vida, como la pérdida de un ser querido. En estos casos, las transformaciones están impulsadas por el Yo-niño del individuo.

Cambio artificial: cuando se utilizan técnicas o sistemas externos, no internos, lo que supone la intervención de un tercero, por ejemplo, cuando no se puede cambiar por sí mismo y se recurre a la ayuda de un consultor, un psicoanalista o un amigo.

Cambio por motivación propia: es la mejor manera de emprender una transformación de la imagen, porque el deseo proviene de la misma persona, después de un cuestionamiento interno. En este caso, los cambios ocurren en el Yo-adulto.

Cualquiera que sea la motivación, una vez experimentado el cambio se irradia una actitud diferente que los demás perciben. Es entonces cuando la imagen renovada empieza a dar frutos, pues los demás empiezan a pedir consejo y opinión.

Cuando esto sucede, quien haya trabajado en su imagen puede decir que ha logrado lo que buscaba, por ejemplo impactar, dejar una huella, lo que en ningún momento implica trabajar solamente la belleza física. Para citar un caso, el político inglés Winston Churchill, Premio Nobel de Literatura en 1953, y uno de los protagonistas de la victoria aliada durante la segunda guerra mundial, no tenía la figura más agraciada, pero sí la imagen perfecta, y ni después de su muerte ocurrida en 1965, ha dejado de ser objeto de conversación.

De lo que se trata en este ejercicio de la imagen es de sacar la belleza y la vitalidad que cada uno tiene escondidas; nunca se pretende borrar de un plumazo la propia personalidad. Al contrario, el éxito está en destacar las cualidades y disimular los defectos, para lograr una imagen equilibrada, armónica y coherente con uno mismo.

IMAGEN PÚBLICA

Cuando una mujer se destaca en su entorno social y empieza a ser reconocida, bien sea por sus capacidades intelectuales, su talento artístico o su ingenio en los negocios, deja de ser la persona que hace bien su trabajo para convertirse en un ejemplo a seguir y en un objeto de reconocimiento público; en este momento no sólo está poniendo a prueba su imagen personal, sino también su imagen pública.

Ser figura no es fácil, porque supone destacarse profesionalmente en el trabajo y tener conciencia de que cada persona se proyecta de múltiples maneras: a través de la apariencia, del discurso, del trato con los demás e inclusive en los más mínimos detalles de su personalidad. Es precisamente ese "no sé qué" lo que marca la diferencia entre una persona y las demás, convirtiéndola en objeto de escrutinio público y en modelo a seguir. Cuando esto se da, ya no se puede hablar de una imagen individual, pues la manera de actuar ha trascendido la órbita de lo privado y se ha convertido en ejemplo para todos.

Generalmente, esto ocurre cuando la mujer ha alcanzado el éxito personal y sus acciones empiezan a afectar a un gran número de personas, que la sigue porque la considera acertada, valiosa y digna de imitar. Pero no siempre es así. La sociedad es susceptible de seguir modelos inadecuados, liderados por personas que gozan de gran reconocimiento en los medios de comunicación, pero que no miden la dimensión del impacto que causan sus acciones en otros y se convierten en un ejemplo negativo.

Por esto, quien esté pensando convertirse en figura pública debe hacerse un autoanálisis profundo y sincero, que le permita decidir si está dispuesto a asumir las responsabilidades y los deberes que conlleva ocupar un lugar predominante en la sociedad.

Hay muchas maneras de convertirse en figura pública. Por ejemplo, una ejecutiva a quien se le reconoce su gestión y se le nombra presidente de una compañía, de manera automática se convierte en modelo, en ejemplo a seguir para todos y cada uno de los empleados de la empresa.

Ella se identifica con la imagen de la entidad que preside y deja de ser la ejecutiva eminente para convertirse en la persona a quien todos quieren emular, profesional y personalmente.

Al llegar a una posición destacada, la mujer debe procurar mantener el equilibrio entre su vida pública y su vida privada. Situaciones íntimas, como pueden ser el trato con la familia y su relación de pareja, son circunstancias que en otro contexto pertenecen a la vida personal, pero que en este caso se encuentran a la vista de todos y son objeto tanto de críticas como de elogios.

Esta influencia cobra mayor importancia cuando la compañía en que trabaja pertenece a un conglomerado económico, en el cual las decisiones que se toman pueden llegar a afectar intereses privados y los destinos de un gran número de personas, de empresas o de una nación.

Cuando se ha alcanzado un lugar preponderante en una sociedad, ya no sólo se responde por los actos propios sino también por los de otra personas, como subalternos o parientes.

Quien se desempeñe como empleada pública o esté aspirando a ocupar un cargo de elección popular, no escapará de la mirada escrutadora de la sociedad. Los aspirantes a dichas dignidades deben estar conscientes de que cualquier paso en falso puede arruinar una carrera que se proyecta a largo plazo, pues como dice Víctor Gordoa: "Siempre tomará más tiempo y será más difícil reconstruir una imagen, que construirla desde su origen".

Cuando se deteriora o se rompe la confianza entre dos personas o entre una empresa y sus clientes, por deshonestidad o traición, aunque se superen estas circunstancias, dejarán en el otro cierto dejo de inquietud y de duda, que sólo el tiempo y nuevos actos podrán borrar.

Tomar como ejemplo la carrera de un político, permite ver en la práctica todos los aspectos comprometidos en su imagen y el impacto que cualquiera de sus elementos puede llegar a tener.

Cuando una mujer cree que puede conducir los destinos de una sociedad y se lanza a la alcaldía de una ciudad o a la presidencia de un país, lo primero que tiene que preguntarse es si está dispuesta a que su vida y la de su familia se conviertan en un libro abierto, pues sus posibles votantes no se conformarán con analizar su discurso, sino que se sentirán con el derecho a opinar sobre su cuerpo, corte de pelo, vestuario, manera de hablar, forma en que aborda a las personas que se le acercan e inclusive la juzgarán por la manera de actuar de su hija adolescente en un lugar público. Cuando se es una figura pública, todas y cada una de las acciones que se efectúen tienen repercusiones.

La imagen de una mujer dedicada a la política debe ser lo más nítida posible. Si bien tiene el derecho de elegir el perfil que quiera proyectar, ya sea el de tecnócrata, intelectual metida a la política o mujer común y corriente con sensibilidad para identificarse con las necesidades de los demás, debe tener en claro que su vestimenta, discurso y manera de dirigirse a sus interlocutores deberán transmitir el mismo mensaje, para que no se vea como una marioneta que se ha aprendido un parlamento que en realidad no comparte.

La manera de vestir es crucial, pues antes de que la persona pública exponga sus ideas, su apariencia habla por ella. En su caso, la vestimenta se convierte en símbolo, ya que al examinarla se puede descubrir si es ostentosa, sencilla, organizada, limpia, de buen gusto, interesada en la moda o despreocupada con su apariencia.

En el caso del dirigente, si quisiera sacar provecho de este hecho, en lugar de usar ropa comprada en el exterior podría vestirse con piezas confeccionadas en su país de origen, logrando una apariencia que lo identificaría con su tierra y sus valores, en lugar de aparecer como una persona vanidosa, alejada de las necesidades de aquellos a quienes desea representar.

El corte de pelo y la afeitada, en el caso de los hombres, y el maquillaje y el peinado en el de las mujeres, demuestran el tiempo que se dedican a sí mismos y a su cuidado personal, actitud que genera confianza en aquellas personas que esperan que el líder guíe su camino, pues si es capaz de ocuparse de su propia persona, seguramente también podrá hacerlo de otras.

CONSEJOS PARA POSEER UNA IMAGEN PÚBLICA

Una apariencia impecable no basta para mantener intacta una imagen pública; también hay que cuidar la expresión corporal, la manera de hablar y el discurso.

El cuerpo se debe mantener tranquilo, sin ningún movimiento fuera de lo común. Los brazos enmarcan el cuerpo, por lo tanto no deben entrelazarse las manos adelante ni atrás, como si estuvieran cubriendo algo que no se debe ver. Esto no quiere decir que algunas veces las manos no puedan reforzar las palabras con movimientos espontáneos.

La expresión del rostro es muy importante cuando se tienen interlocutores, sobre todo delante de un auditorio o una junta directiva. No en vano se dice que cualquier postura que sea auténtica en un individuo, será delatada por su rostro y, en especial, por sus ojos. Lailan Young, en su libro *The Naked Face* asegura que el rostro tiene tal poder comunicativo, que al analizarlo ofrece información veraz del verdadero hombre que hay detrás de la máscara.

Se debe cuidar con detenimiento la forma de hablar; quien pretenda persuadir a sus empleados o seguidores deberá manejar un tono de voz convincente, controlar la dicción y el lenguaje.

Cuando el rango de un político o de un ejecutivo no va acorde con su capacidad de comunicarse con los demás, su imagen se deteriora. Puede generar, por ejemplo, que sus subalternos no crean en sus juicios ni en sus decisiones o que el político no logre convencer a sus seguidores y pierda las elecciones del cargo al que aspira.

Las figuras públicas deben preocuparse por otros dos aspectos fundamentales: las relaciones públicas y los medios de comunicación, dado que su condición de modelos sociales les exige proyectarse en su entorno.

Los asesores de imagen se convierten en un gran apoyo de las figuras públicas. No sólo podrán diseñar una estrategia para que un individuo se proyecte a partir de su actividad profesional, sino planear un programa de acción para una empresa que ha pasado por un proceso de ensanchamiento y necesita establecer nuevos canales de comunicación, o bien, recuperar la imagen de una entidad que ha sufrido una crisis y tiene que restaurar el puente de comunicación con sus empleados y los medios.

Toda persona o empresa que quiera proyectarse, debe preguntarse: ¿Cómo puedo comunicarme mejor con mis empleados, clientes y personas que me rodean?

IMAGEN PÚBLICA
Y RELACIONES PÚBLICAS

Se hacen relaciones públicas cuando una persona o entidad decide generar receptividad hacia su mensaje o una opinión positiva hacia su gestión, mediante la realización de una serie de acciones. Sam Black, pionero en esta materia en Estados Unidos, describe así la labor de las relaciones públicas: "El ejercicio de las relaciones públicas es el arte y la ciencia de alcanzar armonía con el entorno, gracias a la comprensión mutua, basada en la verdad y en una información total".

Teniendo esto en cuenta, las relaciones públicas se convierten en un valioso recurso en el acontecer diario de una empresa, para que impere la armonía y no la improvisación y la desorganización, pues ofrece parámetros claros para abordar a empleados, clientes y a la opinión pública.

Ivy Ledbetter, periodista económico y financiero, considerado el padre de las relaciones públicas, señaló tres elementos que deben ser tenidos en cuenta en la aplicación de esta herramienta: el factor humano, la transparencia informativa y la política de puertas abiertas.

Para ver en la práctica estos conceptos, vale la pena detenernos en las acciones de Ledbetter al enfrentar distintas situaciones empresariales, cuando se desempeñaba como asesor de algunas empresas en su país. Una de ellas, una compañía carbonífera que necesitaba afrontar una huelga.

Después de analizar la situación, su diagnóstico fue: mutuo recelo. Para solucionarlo propuso implantar una política de puertas abiertas, invitando a los empleados a conocer la verdadera realidad de la empresa, lo que condujo a que se identificaran con la situación y brindaran su apoyo.

En otra ocasión, Ledbetter estaba vinculado a la Pensylvania Railroad cuando ocurrió un accidente en una estación. La empresa quiso ocultarlo, pero él se opuso y aconsejó poner a disposición de los periodistas un vagón que los llevara al lugar de los hechos para que pudieran informar lo ocurrido. Primó entonces la transparencia informativa por encima de cualquier interés particular. Y no fue fácil, ya que la empresa debía asumir la responsabilidad, mostrar  una actitud compasiva ante las víctimas y asegurarle a la opinión pública que tomaría las acciones necesarias para garantizar que hechos como ese no se volvieran a repetir.

Si la situación no se hubiera manejado con tacto y profesionalismo, se habría puesto en juego el prestigio de la empresa y el respeto del público hacia ella.

Este pionero de las relaciones públicas también ayudó a crear el mito de John Rockefeller, cuando convenció al magnate de dejarse fotografiar por los medios, repartiendo monedas recién salidas del banco entre los niños de la calle, como era su costumbre.

Antes de que el asesor de imagen implante un programa de relaciones públicas en una empresa o en función de una persona, debe detenerse a pensar qué es lo que se quiere hacer, hacia dónde se quieren dirigir las acciones y cómo se esperan conseguir los resultados. También deben fijarse meta y objetivos claros, analizar el entorno en el que se desarrollará la estrategia, alinear ideológica y metodológicamente a los involucrados y establecer procedimientos y tiempos de ejecución.

Para diseñar una estrategia de relaciones públicas, el asesor de imagen encontrará grandes aliados en las directivas de la organización o en la persona que debe asesorar. Estas fuentes son definitivas, pues ellos son los que saben, en teoría, lo que quieren proyectar, conceptos que posteriormente el relacionista traducirá en acciones concretas que, vistas en conjunto, constituyen una estrategia de comunicación.

Las relaciones públicas, entendidas como una disciplina de gestión, acompañan permanentemente a la empresa en la obtención de determinados resultados y en casos de crisis e imprevistos, se implementa una estrategia especial que se convierte en relaciones públicas para el manejo de la crisis.

El factor tiempo es determinante; la capacidad de reacción ante un problema hará la diferencia entre una crisis bien manejada y otra que se sale de las manos. Todo se tiene que hacer en un tiempo récord: el análisis del problema que ocasionó la crisis, el plan de respuesta, las personas que pueden implementar la solución y la aplicación del plan.

La mayor equivocación que se comete en las relaciones públicas es pensar que sólo son necesarias en determinados momentos y no de manera permanente. Por eso se cree que solamente se debe hablar con los medios cuando hay algo positivo que decir. Se actúa negligentemente en esta materia, cuando no se hace énfasis en un mensaje importante y también cuando se cree que una compañía puede pasar desapercibida y ocultarse cuando le provoque.

Las relaciones públicas son vitales en una empresa y no permiten la improvisación. Pasan la prueba de fuego cuando se enfrentan a su interlocutor permanente, la sociedad que es la encargada de difundir su labor, criticar o alabar sus acciones y, en últimas, fortalecer su reputación o arruinarla del todo.

❧PERFIL DE UNA RELACIONISTA PÚBLICA❧

La personalidad de quien posee una imagen impactante brilla por las siguientes cualidades, inherentes a toda buena relacionista pública:

☞ Puntualidad, excelentes modales y presentación personal.

☞ Buena voz, buena memoria, saber escribir, ser sociable y servicial.

- Personalidad definida, fuerte y con capacidad de liderazgo.
- Mente abierta, clara, curiosa y receptiva.
- Sentido común y sentido del humor.
- Ser una persona culta, informada y documentada.
- Habilidad crítica y sensible a los detalles que puedan ocasionar problemas.
- Capacidad para organizar y manejar varios temas al mismo tiempo.
- Respeto por el tiempo de los demás y flexibilidad con el propio.
- Dominio del idioma con el cual trabaja.
- Facilidad para hablar en público.
- Capacidad de trabajo ilimitada.
- Capacidad para recuperar el estado de ánimo, a pesar de las circunstancias.
- Conocimiento de los medios de comunicación y sus instituciones.
- Principios básicos de administración de empresas, economía y psicología.
- Don de gentes y relaciones sociales.
- Ser una persona ética, honesta e íntegra, de sólidos principios morales y espirituales.
- Ser capaz de asesorarse en los temas que no domina, como puede ser el de las implicaciones legales.

RELACIONES PÚBLICAS Y MEDIOS DE COMUNICACIÓN

Las relaciones con la radio, la prensa, las agencias de noticias, la televisión y los medios de comunicación electrónicos son cruciales, pues ellos son los orientadores de la opinión pública.

Cada uno de los medios en cuestión requiere un tratamiento especial. Es un deber del relacionista el capacitar a los periodistas en el tema pertinente, planificar el trabajo y llegar muy bien preparado a las reuniones que tenga con ellos, llevando un programa con los temas a tratar y el plan de la reunión.

☞ Defina y concrete su público.

☞ Tenga claro el mensaje.

☞ Emplee medios de efectividad comprobada.

☞ Utilice las mejores tácticas.

☞ Esté en capacidad de contestar las siguientes preguntas: cómo, cuándo, dónde, quién y por qué.

☞ Practique el seguimiento.

☞ Elabore un material escrito.

☞ Cree planes adjuntos al principal, para que le sirva de soporte.

☞ Mantenga a sus empleados informados del plan a seguir.

☞ Actualícese y obtenga comentarios externos sobre su plan de relaciones públicas.

La manera de abordar a los periódicos, semanarios o revistas, medios que están comprometidos con el análisis y la profundización de los hechos que ocurren a diario, es diferente de la forma como se maneja el acercamiento a la radio o a la televisión, en los cuales se maneja la inmediatez y su función es difundir las noticias apenas se producen.

Cualquiera que sea el canal de información que se elija, lo que hay que tener en cuenta al abordar a los periodistas es establecer una relación sustentada en el respeto a su labor, ya que la gestión de relaciones públicas se arruina si el comunicador siente presión para orientar su noticia en algún sentido.

Retomando las palabras de Ivy Ledbetter, la regla de oro para mantener buenas relaciones con la prensa es "practicar la igualdad informativa hacia todos los canales de información, ofreciéndole a cada uno la misma oportunidad de hacer bien su trabajo, sin favoritismos. Esta actitud logra una buena disposición del periodista para recibir la información".

Cuando se planea una estrategia de comunicación no se debe dejar por fuera ningún medio. Al abarcarlos a todos se garantiza mayor acceso a la opinión. No hay que olvidar que el gran público puede sentir predilección por alguno de ellos y desechar el resto. De hecho, cada medio cuenta con su propio objetivo. Los lectores de periódicos, por ejemplo, se consideran los más cultos y mejor informados, ya que están interesados en el análisis de las noticias y no en un simple registro. Según las estadísticas, el lector asimila 80 por ciento de lo que lee, los radioescuchas 41 por ciento de lo que oyen y los televidentes 11 por ciento de lo que ven.

Cada organización puede diseñar una estrategia de comunicación, de acuerdo con su estilo empresarial. Algunas elegirán vistosos lanzamientos para presentar un producto o exponer una gestión. En dichos eventos, a los que son convocados todos los periodistas, se recibe información completa sobre los hechos, aplicando estrategias informativas que pueden haber suscitado la generación de expectativa con anuncios previos.

Otra manera de abordar a los medios es a través del envío de información a los centros de trabajo de la empresa o del personaje que esté generando noticia, o bien del producto, cuando se trata de un lanzamiento de una nueva marca. El propósito es despertar el interés del periodista para que asista al evento y después publique una nota. Para mayor efectividad, la información debe proporcionarse en el formato adecuado: papel, CD-ROM, grabación magnetofónica o casete de televisión.

Según el medio, la información también sufre transformaciones. Por eso, cuando los departamentos de relaciones públicas de una compañía o las oficinas de comunicaciones se preparan para difundir la información, deben considerar muy bien su tipo de interlocutor. A quién va dirigido el mensaje.

Los boletines de prensa se constituyen en un recurso para establecer el primer contacto entre la fuente y el periodista. Deben contener el qué, cómo, cuándo, dónde y por qué de la noticia, para que funcionen como una carnada que despierte el apetito del periodista y lo anime a indagar y a presentar la noticia de la manera más equilibrada posible.

Los medios impresos prefieren una información completa y extensa para después analizarla.

La radio requiere de las fuentes al instante.

La televisión exige rapidez y concisión.

Frente a los medios de comunicación, el relacionista público debe tratar de generar relaciones abiertas, francas y positivas y estar dispuesto a conocer a todos sus integrantes.

Los directores son los que marcan el tono con el cual se maneja la información y le imprimen cierto sello editorial a toda la publicación.

Los editores evalúan el caudal de información que se recibe y deciden la atención que se le debe dar a una u otra noticia, de acuerdo con su impacto social.

Los periodistas son los responsables del cubrimiento de las noticias, de acuerdo con las directrices que les den sus jefes.

Es fundamental tener buenas relaciones públicas con todos ellos, pues la tarea de un relacionista público es atraer a la opinión pública hacia su cliente y cuando considera que un periódico o revista no le ha dado el trato adecuado a su noticia, está en la obligación de averiguar la razón: si fue por falta de espacio, porque no se consideró suficientemente importante o por negligencia del comunicador. En este caso puede dirigirse a la instancia superior para presentar de nuevo lo que considera "noticia", y tratar de despertar interés sobre el asunto.

En todos los acercamientos con la prensa se debe mantener la ecuanimidad, la discreción y la cordialidad, aunque se conozca al dueño del medio. Los periodistas siempre serán interlocutores importantes y no se puede permitir que se deterioren los vínculos establecidos con ellos.

LA ENTREVISTA

La relación de respeto que se establece entre los periodistas y sus fuentes supone una preparación de ambas partes. El periodista, por la naturaleza de su oficio, está en la obligación de informarse previamente sobre la naturaleza de su interlocutor y sobre el hecho que va a informar. De igual manera, el entrevistado, ya sea un político o un gerente de empresa, debe tener conocimiento no solamente del medio en el cual lo van a entrevistar sino también de la trayectoria del periodista, para poder confiar en que será respetado el sentido de sus respuestas.

Cuando el personaje público concede una entrevista, debe tener en cuenta lo siguiente:

La parte intelectual. No sólo se refiere a tener ideas claras sobre el tema que va a tratar, sino a saber cómo expresarlas. Se debe hablar con un lenguaje claro, sencillo y transparente en las respuestas, que por ser concisas no dejen asomo de duda en los periodistas ni en la audiencia. Teniendo en cuenta que se trata de lograr empatía con el público que oye y ve la entrevista, es mejor hacer énfasis en la labor de equipo, resaltando el aporte de los compañeros. No se puede dar todo el crédito en primera persona.

Cuando se es elegido para participar en los medios de comunicación, se debe tener en cuenta que ésta es una relación de doble vía: el periodista quiere presentar temas interesantes y atractivos que convoquen público y anunciantes; y para el entrevistado es una oportunidad de darse a conocer y comunicar su mensaje.

Al ser entrevistado se deben conocer a fondo las reglas del juego de los medios, para poder obtener los resultados que se persiguen con este tipo de oportunidades y ganar puntos en cuanto a imagen.

La entrevista es una gran oportunidad de mostrarse ante los demás, pero al mismo tiempo es un gran riesgo. Cuando se trata de un programa de televisión, que llega directamente a la casa del público y se cuela en su intimidad, invadiendo sus horas de descanso, lleva implícitos unos compromisos que no siempre se cumplen.

Los modales deben ser los mismos que cuando se es invitado. Ante la oportunidad que brinda el medio, conviene prepararse, enterarse, informarse sobre el programa y el perfil del periodista, para establecer los términos y objetivos del encuentro.

Medición del tiempo: hay que tener la seguridad de que se tienen suficientes cosas que decir, para no quedarse corto con el mensaje. Conviene hacer ensayos con video o grabaciones. Aunque es imposible que el entrevistado sepa con certeza qué le van a preguntar, debe ir muy bien preparado y prevenido por si le salen con alguna sorpresa desagradable; entonces debe tratar de no perder la ecuanimidad y sacar a relucir su sentido del humor, sin ofender y sin irse a disgustar. Responder en forma explícita y concreta, no contestar con monosílabos "sí" o "no", ni decir frases vacías como "puede ser" o "tal vez", y a toda costa evitar las muletillas. No apropiarse de la palabra, no pontificar, tener presente que las entrevistas se editan y que es mejor ir al grano y evitar el bla-bla-bla. No debe olvidarse que el tiempo real en televisión y en radio son diferentes. Así, por ejemplo, un programa de media hora termina siendo de veinticinco minutos, por los comerciales, y si se trata de notas sobre un tema, muchas veces se transmite hasta en cuarenta segundos.

Conciencia: hay que tener presente el conocimiento que el espectador pueda tener sobre el tema y, en ningún caso, menospreciar su inteligencia.

La voz: al hablar frente a las cámaras se debe controlar el volumen, para lograr modular la voz como si estuviera en la misma habitación con la audiencia. No gritar, no sesear, no carraspear y moverse con suavidad, ya que cualquier ruido, por insignificante que sea, se magnifica en televisión.

Lenguaje corporal: la posición del cuerpo es fundamental. Lo ideal es mantener una posición estable, con el torso lo más erguido posible y la espalda recta, sin adoptar una posición postiza o artificial, para dar la impresión de confianza y seguridad. Las manos relajadas, tratando de no moverlas mucho, aunque de vez en cuando pueden reforzar discretamente el mensaje, pero sin manotear. Lo mejor es no tener nada en las manos, pues distrae y molesta al espectador. Mirar de frente al entrevistador, no a la cámara, a menos que quiera enfatizar una idea, entonces debe dirigirse directamente a ella, sin exagerar.

Vestimenta: para presentarse ante las cámaras, el vestuario exige una preparación especialmente cuidadosa que demuestra el interés de la entrevistada por su imagen pública. Si está consciente de que cinco minutos en televisión bastan para proyectar una imagen bien estructurada y un discurso coherente, comprobará que son más valiosos que decenas de comunicados de prensa.

La gama de los azules pálidos es la que mejor registra ante las cámaras. Por eso, el azul es el color más usado por los políticos al escoger sus camisas. Los menos favorables son el blanco y el negro.

No usar materiales con diseños, como flores, cuadros o rayas, ni texturas brillantes, cuero, encaje o corrugados. Preferir fondos unidos y colores mate. Recuerde que la televisión engorda aproximadamente dos kilos.

Los conjuntos de piezas compañeras se ven mejor que los combinados.

Al sentarse, la falda no debe quedar más de dos dedos arriba de la rodilla, porque distrae la atención y el conjunto no se ve armónico.

Vestimentas informales, como *jeans*, no son apropiadas para una entrevista.

Pocos accesorios o joyas, de tamaño discreto.

Medias sin diseño y de tono mate, preferiblemente color piel.

La cara se matiza con base de contextura gruesa, mate, y se cubre con polvo suelto para evitar el brillo.

Las sombras de ojos y el lápiz de labios no pueden ser brillantes, nacarados ni muy oscuros.

La uñas pintadas de esmalte transparente, sin decoraciones.

El peinado no debe competir con la figura, por eso no puede ser muy grande, ni muy exagerado, crespo o desarreglado.

RELACIONES PÚBLICAS A NIVEL PERSONAL

Para aplicar con éxito las relaciones públicas en la vida personal hay que hacer uso del protocolo: el arte de hacer lo apropiado en el momento oportuno, de organizar un evento de acuerdo con su naturaleza, de elegir acertadamente las personas que intervienen en él, entre otros aspectos. La etiqueta, vocablo que viene del francés *etiquette*, le imprime al protocolo un toque de distinción y elegancia, bien sea en la disposición de los aspectos más generales del salón, como la manera de recibir a los asistentes y darles la información.

A partir de estas definiciones podría decirse que no hay actividad del ser humano que no deba tener en cuenta el protocolo, ya que hasta los actos más simples exigen un orden de ejecución y el protocolo establece las reglas a seguir en cada evento, respetando el rango de los asistentes y distinguiendo cada acto, con la aplicación de ciertas normas.

No hay que caer en el equivoco de pensar que el protocolo es para vivirlo en grande y solamente en eventos de gran envergadura. También en la oficina y en la casa hay rituales y maneras de hacer las cosas, siguiendo las normas de la etiqueta.

PRESENTACIONES EN PÚBLICO

En todo evento, sin importar su naturaleza, se trate de un congreso gremial o de una cumbre de jefes de Estado, es indispensable aplicar el protocolo para poder establecer pautas sobre la manera de disponer del lugar, establecer el orden en que cada persona debe realizar su intervención y asignar el tiempo que debe tardar cada uno de los distintos momentos que conforman el evento, trátese de presentaciones empresariales, discursos políticos, brindis, etc.

La aplicación del protocolo empieza por sí mismo. El anfitrión de un evento debe cuidar la manera como se va a presentar ante el auditorio, por eso debe ensayar su presentación con anterioridad, para lograr la imagen que quiere proyectar. Nada más nocivo para una figura pública que lanzarse a la improvisación. Demuestra poco respeto por el auditorio y pone a quien habla en la posición de improvisar, género que pocos realizan con éxito. Estar mal preparado lo único que logra es aumentar el nerviosismo, hacerle tambalear su seguridad y perder el control de la audiencia.

Si bien, en un acto en vivo hay que dejarle algún espacio a la improvisación, éste no es el papel que debe jugar un invitado de honor ni un anfitrión, pues pone en riesgo su imagen y se expone a no conseguir lo que se había propuesto con su participación en el evento. Su imagen debe ser impecable, lo mismo que su discurso. La puntualidad y la cortesía al dirigirse al público le harán ganar puntos a favor y muchos adeptos.

MANEJO DEL CUERPO

Una gran ayuda es practicar frente a un espejo y continuar haciéndolo hasta sentirse satisfecho con lo que se proyecta.

Es conveniente grabarse con anticipación, para poder oírse y analizar con sentido constructivo, la modulación, si hay muletillas, el vocabulario, el volumen y el tono de la voz.

Para familiarizarse con el entorno y determinar la ubicación física, es importante llegar con media hora de anticipación. Este detalle le imprime carácter de anfitrión al expositor y produce seguridad.

El micrófono se tiene que ensayar con anterioridad para aprender a manejarlo, perderle el miedo y convertirlo en un gran aliado. Los micrófonos inalámbricos de solapa son los más cómodos, pero si se requiere hacer preguntas al público, hay que saber usar el micrófono de mano, enfocando a la persona que habla, sin acercarlo demasiado a la boca.

Mantenerse de pie y en posición erguida al dirigirse al público da un toque de elegancia y ofrece una visión total del auditorio.

Ante todo conviene recordar: "Cuando las palabras dicen una cosa y el lenguaje corporal otra, se cree más el mensaje del lenguaje corporal".

Al dirigirse al público hay que dar ejemplo de atención con la misma posición del cuerpo, aún sin haber comenzado a hablar. El caminado, la posición recta de la cabeza, no inclinada, la expresión del rostro y la manera de sentarse tienen que transmitir un mensaje que diga: "al dar toda mi atención, espero recibir lo mismo".

Siempre se debe mirar al público y ojalá a los ojos de algunos interlocutores.

Conviene emplear los verbos en voz activa.

No es positivo hablar detrás de un podio, ni dar la espalda al público en ningún momento, ni siquiera para escribir en un tablero.

Si se requieren muchos mensajes de apoyo o citar cifras importantes, pueden llevarse impresos o simplemente se apuntan antes de leerlos, pero nunca frente al público.

Si se usa tablero, primero se escribe y luego se habla. Si hay que leer lo escrito, el conferencista se coloca a un lado, de cara al público.

Los brazos deben caer a los lados del cuerpo, enmarcándolo.

Las manos deben moverse con naturalidad, acompañando discretamente el mensaje, sin estrujarse nerviosamente, esconderse atrás, ponerse en actitud retadora sobre las caderas ni entre los bolsillos. Tampoco deben pasarse por el pelo ni sostener siempre un señalador.

El exceso de gestos en la cara es molesto para el público y le resta atención al tema. Hay que modular, bien pero sin exagerar. Las expresiones faciales acompañan el mensaje, sin robarle importancia.

El buen humor es el mejor aliado de todo discurso. El buen humor es contagioso. Por ello, se debe recurrir a anécdotas y ejemplos que diviertan al público y lo mantengan atento.

Se debe comenzar con una sonrisa y emplearla todo el tiempo. Al despedirse, es importante dar las gracias con calidez, expresando el deseo de haber agradado y logrado el objetivo propuesto de la comunicación.

COMUNICACIÓN VERBAL

Se debe evitar la ostentación al hablar, expresarse en primera persona o contar asuntos de la vida privada que no sean congruentes con el tema.

Es de mal gusto usar palabras vulgares o contar chistes que no estén a tono, y es de pésima educación llegar tarde o excederse en el tiempo asignado para hablar.

El expositor debe destacarse por su amabilidad al responder los interrogantes de los interlocutores y por su honestidad para reconocer que ha cometido una equivocación o que ignora algún tema.

Cuando la materia que se va a tratar es delicada o puede llegar a herir susceptibilidades, es importante advertirlo anticipadamente y en ningún caso parecer agresivo, dogmático o engreído por creerse el dueño de la verdad, pues estas actitudes despiertan animadversión entre el público.

El discurso y el lenguaje corporal son los encargados de convencer o decepcionar a la audiencia.

Una exposición no se puede apoyar en los valores, las creencias o las necesidades propias del interlocutor, sino que debe aclarar que respeta otros puntos de vista.

El mensaje debe ser claro, sin ambigüedades ni confusiones, para no transmitir mensajes equívocos que se prestan a malas interpretaciones o que confundan más.

PRESENTACIONES EFECTIVAS

Consejos y recomendaciones sugeridos por las expertas en la materia, Martha de Zubiría, colombiana, y Debra Mckinney, norteamericana:

El buen orador primero piensa, luego escribe y después habla. Para lograrlo debe:

Hablar de lo que conoce.

Pensar en las posibles preguntas que le puedan hacer y en los argumentos en contra.

Dominar la materia a la perfección y ser sincero con los temas que desconoce.

Las "presentaciones efectivas" se logran siguiendo tres pasos: definir, diseñar y presentar.

Toda presentación tiene que definirse contemplando el objetivo, la acción a seguir, el público y el tiempo. El objetivo a cumplir debe ser realista; la acción se planea al diseñar la conferencia teniendo en cuenta el beneficio que va a obtener el interlocutor.

Una conferencia se diseña partiendo de la información que se posea acerca del público. Es importante saber quiénes son los interlocutores que conforman el auditorio. Todo mensaje debe poder llegar a tres diferentes tipos de público: el principal, el escondido y el que decide.

Al diseñar la conferencia, hay que empezar por identificar las necesidades de ambas partes y luego diferenciar la información prioritaria de la opcional.

Es mejor que sobre material y no tiempo. Al diseñar una presentación conviene recordar que la hora en que se va a llevar a cabo afecta el diseño y la metodología. De entrada, no se debe hacer mención "del corto tiempo" del que se dispone. Si se puede, es mejor suprimir el marco histórico, consume mucho tiempo y no tiene trascendencia respecto del tema.

Las ayudas audiovisuales que se empleen durante la exposición deben ser consistentes, claras y dinámicas. Todo lo que se muestra debe estar relacionado con el discurso y complementarlo, pero no ser lo mismo que se dice.

Si hay que escribir, debe hacerse con letra sencilla, Es importante que haya buen contraste para que se pueda leer con facilidad. La estructura debe ser paralela. Todas las frases deben comenzar con pronombres, sustantivos o verbos.

Al igual que otras actitudes basadas en la buena comunicación, hablar en público puede compararse con un proceso de compraventa, en el que el conferencista está vendiendo sus ideas; sin embargo conviene recordar que tener a la gente cautiva temporalmente no necesariamente significa que esté convencida de los argumentos que oye.

La venta de ideas se inicia al identificar las necesidades de ambas partes. Hay que recordar, por consiguiente, que un buen vendedor es el que logra satisfacer las verdaderas necesidades del cliente.

Para terminar la exposición, se cierra el tema y se concreta lo que se pretende que el público haga como resultado de la presentación y, de ser posible, se planea una sesión posterior de seguimiento. Hay que recordar que la venta se hace con beneficios y no exponiendo los hechos específicos de lo que se intenta vender.

En la despedida se ofrece información complementaria y se agradece a los asistentes su presencia.

El final de la exposición es la oportunidad para dejar las puertas abiertas e informar cómo ubicar al expositor en caso necesario.

✄COMPORTAMIENTO EN LOS VIAJES✄

La persona que ha llegado a ocupar un cargo de importancia, seguramente tendrá viajes programados en su agenda, ya sea de tipo personal o laboral. Para presentarse debidamente a todos los eventos planeados durante el viaje, debe tener el vestuario y los accesorios apropiados.

CÓMO EMPACAR LA MALETA

Lo primero que se debe hacer es una lista que contenga los días de viaje, las actividades, el clima y la disponibilidad de espacio, ya que las aerolíneas, buses, trenes y demás medios de transporte tienen reglas inquebrantables respecto al número, tamaño y peso de las piezas de equipaje que se permite llevar por pasajero.

El equipaje se debe considerar como complemento de la presentación personal; esto implica viajar con maletas en buen estado, marcadas, con sus respectivos candados y evitar al máximo las cajas y los talegos. El maletín de mano tiene que ser de tamaño proporcional a los guardamaletas del medio de transporte. Los puntos a seguir son:

Hacer la maleta con dos o tres días de anticipación para que salga el aire y quepa más ropa.

Escoger colores básicos que nos permiten destacar nuestras cualidades y armar muchos conjuntos con pocas prendas. Por ejemplo: si los colores que nos sientan son los fríos o de tono azul, se puede partir de blanco y negro, con accesorios en cuero negro o vino tinto y joyas plateadas o perlas. Si nos favorecen los colores cálidos o de tono amarillo, podemos escoger *beige* o café, con complementos de cuero café o miel y alhajas en dorado o perlas. Para un efecto más formal, podemos usar *beige* o habano con negro y joyas plateadas.

Sacar la ropa y extenderla encima de la cama para cuadrar las vestimentas y mirar si todo está completo.

Tener suficientes bolsas de bayetilla de algodón para empacar los zapatos y papel de seda para prendas de seda o que se puedan arrugar. Opcionalmente, dentro de los zapatos se pueden colocar hormas de plástico especiales para viajar o rellenarlos con papel de seda para que no pierdan la forma.

Colocar los zapatos esquineados en el fondo de la maleta, con las suelas hacia los rincones. Si son varios, organizarlos uno al lado del otro. De lo contrario, colocar en el centro las carteras, los cinturones enrollados y algunas prendas de materiales tejidos alrededor, hasta armar una capa lo más compacta posible.

Voltear por el revés los abrigos, sacos y blusas que no se arruguen fácilmente, meter una manga adentro de la otra, doblarlos por la mitad y empacarlos en sentido contrario. También se pueden abotonar y extenderlos a lo largo y ancho de la maleta, cada prenda en sentido inverso a la anterior.

La ropa interior se dobla muy plana y se empaca en bolsas plásticas con cierre hermético, incluyendo medias, vestidos de baño y prendas para hacer deporte.

Los espacios vacíos se rellenan con medias gruesas, suéteres, camisetas o lo que se pueda, sin que se estropee.

Conseguir cepillo de dientes, dentífrico, desodorante, crema para las manos y el cuerpo, en envase pequeño, especial para viajar. También implementos para peinarse de tamaño especial, como cepillo, peinilla, rulos y secador de pelo con gran potencia, que no es necesario llevar si nos vamos a alojar en un hotel de cinco estrellas, porque allá hay.

Meter los elementos de tocador entre bolsas impermeables y los líquidos envasados entre frascos pequeños de plástico, colocándoles pedazos de plástico bajo la tapa para que no se derramen.

Los frascos grandes se meten entre bolsas plásticas herméticas, se sellan las tapas con cauchos para evitar accidentes, y se empacan entre los zapatos o en espacios vacíos, de manera que queden bien compactos.

Los accesorios de fantasía se protegen entre bolsas que venden con separadores para este efecto y se intercalan entre capas de ropa.

Antes de cerrar la maleta hay que revisar que esté todo lo necesario y muy bien empacado.

Cerciorarse que la maleta vaya por fuera bien identificada con nombre, dirección, teléfono y ciudad de residencia, escritos en letra imprenta, clara y visible.

Llevar una cartera con la libreta de direcciones, un estilógrafo, la billetera y las joyas. Por comodidad y seguridad, los pasajes y el pasaporte deben ir en una bolsa aparte, que podamos manipular fácilmente y esté en todo momento con nosotros.

ÉTICAS DE VIAJE

En los viajes hay que saber mantener unos principios o "éticas de viaje", que aseguran cumplir con los objetivos de la jornada, además de asegurar al viajero que va a ser bien recibido y bien tratado en todas partes. Con este fin se anotan los siguientes puntos a seguir.

Respeto: para no cometer faltas de respeto, conviene informarse acerca de las costumbres, la moda, la alimentación, las creencias religiosas, los monumentos y sitios importantes de visita, y la actitud que debe asumirse en cada lugar.

Para evitar problemas, no tome fotografías sin consultar.

El mejor consejo es: "viajar siempre como si se fuera en primera clase", o sea, bien vestido, de acuerdo con la ocasión, ni demasiado informal ni exagerado. No ponerse prendas escotadas, transparentes, muy apretadas o de colores que no coincidan con los que convienen en cada lugar.

No es recomendable viajar con botas porque los pies se hinchan con la presurización, tampoco con sandalias o sin medias porque generalmente la temperatura del avión es fría, aparte de lucir muy informal. Lo ideal es usar zapatos bajos o con muy poco tacón, estilo zapatilla o mocasín.

No es conveniente viajar de *jeans*, a no ser que se vaya a un lugar en la selva o a campo abierto. Contrario a lo que muchos creen, los *jeans* son prendas incómodas para viajar o cuando se va a permanecer mucho tiempo sentado en la misma posición y en un espacio estrecho, porque generalmente se ajustan demasiado al cuerpo.

Resulta útil llevar en el maletín de mano una camiseta de algodón con lycra, de manga corta, y una *pashmina beige*, negra, gris o azul.

En un viaje de negocios, placer o vacaciones, la forma de vestir y el comportamiento deben hacernos sentir totalmente a gusto y asegurarnos que vamos a ser bien recibidos en todas partes. La idea es no desentonar; por lo tanto, debemos adecuar la vestimenta al tipo de vehículo de transporte, porque no se viaja vestido de la misma forma para montar en avión, viajar en bus o en automóvil.

La presentación se planea de manera que uno se vea bien, tanto en el lugar de salida como en el de llegada. Esto implica que si se parte o se llega a un lugar de clima frío, no se puede viajar de sandalias o sin medias, con prendas transparentes o muy escotadas, tampoco en *shorts* y, si es en avión, no conviene usar zapatos tenis.

Antes de viajar es aconsejable informarse sobre el clima que impera en el lugar a donde se va a llegar, averiguando en agencias de viajes, mirando en los canales de televisión por cable o navegando por internet.

La sudadera o conjunto deportivo de saco y pantalón es aceptable solamente cuando se trata de los miembros de un equipo deportivo que viajan a competir.

Para viajar se pueden llevar gorras, cachuchas o sombreros, pero no puestos en la cabeza, sino en la mano.

Si se viaja con empleados que ayudan al cuidado de los niños, se aplican las mismas reglas. Las enfermeras o niñeras pueden viajar con sus respectivos uniformes.

Existen reglas tácitas muy claras en cuanto a la presentación de los pasajeros que viajan en avión, barco o tren. Así, los miembros de la tripulación de un avión que van vestidos de particular se deben ceñir a ciertas normas: los hombres viajan internacionalmente de corbata y las mujeres con sastres de falda o pantalón, porque si tienen que ocupar los puestos de primera clase o ejecutiva, deben lucir acordes o como se supone que debe verse un pasajero culto o pudiente.

Un pasajero mal arreglado, niño o adulto, se expone a que no le den el trato adecuado.

Todos los viajeros, ya sea en terminales de transporte o aeropuertos, deben arreglarse de acuerdo con la ocasión, lucir presentables y ser bien educados. Es conveniente asegurarse que todos los que viajan en un mismo grupo o que pertenecen a una misma familia luzcan impecables y se comporten como personas educadas.

Viajar vestidos de manera apropiada, no sólo nos hace sentir bien, sino que en caso de que el avión tenga cupo sobrevendido y tengan que seleccionar pasajeros para pasar a primera clase, seguramente se fijarán en nosotros. Además, en caso de requisas en el aeropuerto, infundiremos confianza, y al llegar a los hoteles seremos bien atendidos porque pensarán que somos personas que sabemos viajar y posiblemente "pasajeros frecuentes".

Tanto el conductor como los pasajeros y el vehículo que se utilice, merecen respeto. Por eso, no debe dejarse el suelo sucio con papeles, envases, revistas o restos de alimentos, tampoco con revistas o periódicos desordenados, cobijas desdobladas o audífonos.

Tanto el lugar que se ocupó como el baño del vehículo deben dejarse limpios y ordenados, para que la siguiente persona que los utilice los encuentre en el estado en que usted quisiera encontrarlos.

Para contestar correctamente las preguntas que hacen en los aeropuertos, como medidas de seguridad, es conveniente tener en mente las respuestas relacionadas con el tipo de viaje, clima, tiempo de la estadía, actividades que se llevarán a cabo, costumbres, nombre y dirección del sitio a donde va a llegar.

Por seguridad es necesario vacunarse contra las enfermedades que puedan contagiarse en el lugar de llegada.

Es útil llevar el dinero en la moneda correspondiente al país que se va a visitar y tener en cuenta que el dinero no tiene el mismo valor en todas partes; una cantidad irrisoria en un país puede alimentar a una familia durante semanas en otro.

Hay que respetar el porcentaje que se acostumbra dar como propina y en ningún caso dar limosna, y menos a los niños.

Respecto a los alimentos se debe ser muy cuidadoso. En todas las culturas hay platos típicos que pueden ser deliciosos para los locales, pero no tanto para el visitante. Antes de probarlos conviene informarse sobre los ingredientes y nunca expresar ningún comentario desobligante al respecto. Cada quien debe saber cómo funciona su cuerpo para no enfermarse con el cambio de alimentación.

Bebidas como el agua deben tomarse siempre embotelladas, tipo "agua mineral", para evitar malestares digestivos y arruinar su estadía sintiéndose mal.

Consumir frutas garantiza una buena digestión.

En cuanto a las compras, es mejor informarse para no adquirir objetos que se puedan considerar tesoros o patrimonio cultural del lugar, y cuya salida esté prohibida. Se debe obtener un certificado de garantía cuando se compran réplicas, joyas, piedras preciosas, accesorios en pieles de prohibida cacería y plantas o alimentos que puedan causar contagios o acarreen cualquier clase de riesgos.

Conciencia: muchos de los sitios visitados pueden derivar su sustento de este renglón, así que no se deben dejar huellas en ellos, siguiendo las indicaciones que se relacionan con el uso de servicios como baños, lugares asignados para la instalación de carpas, parrillas para asados, fogatas y demás.

Cada persona es responsable de la basura que hace. Por eso, si no hay donde depositarla se lleva de regreso.

El uso de objetos o implementos que puedan ocasionar incendios o daños semejantes se restringe a los sitios que claramente lo permitan.

Las indicaciones en las vías son estrictas; de no cumplirlas nos exponemos a sanciones.

Los ruidos estridentes no están permitidos; tampoco alimentar a los animales indiscriminadamente, sin conocimiento.

Bañarse en ríos, lagos o en el mar, sin supervisión del lugar, acarrea grandes riesgos, lo mismo que comer frutos o animales que no estén permitidos.

Todo el tiempo debemos tener presente que somos simplemente visitantes y que en muchas ocasiones los habitantes del lugar se convierten en anfitriones sin desearlo.

Si queremos seguir disfrutando del placer de viajar, tenemos que dejar siempre una huella positiva y contribuir con inteligencia a la economía de los lugares que visitemos. El turismo bien manejado beneficia a todos, pero mal planeado ocasiona daños incalculables.

Viajar enseña lo que no se aprende en los libros ni en las aulas. Para gozarse los viajes hay que prepararse, leer, averiguar, investigar y como contraprestación, divulgar todo lo disfrutado y aprendido.

CONCLUSIÓN

Al terminar las consideraciones de este capítulo, resulta evidente el hecho de que la mujer que es personaje público adquiere responsabilidades ineludibles con su entorno social, lo cual supone empezar por preguntarse cómo es ella y cómo la ven los demás.

Después de trabajar cuidadosamente todo lo relativo a su cultura y a su apariencia personal, la mujer debe estructurar otras facetas, como puede ser la imagen fotográfica que proyecta, comenzando por escoger el mejor fotógrafo posible, definir la ropa, el peinado, el maquillaje, etc., para seleccionar lo que debe usar al presentarse en cada medio, desde periódicos y revistas hasta vallas publicitarias, si es el caso.

Como debe primar la coherencia en todas sus acciones, conviene que trabaje tanto en el discurso oral como en el escrito, cuide el tono de la voz, la dicción, el volumen, el vocabulario, el estilo y la forma de expresión verbal y corporal, para que impere la unidad.

Asesorar a una persona sobre su imagen pública es un trabajo que no da tregua, dado que el seguimiento de la gestión y su posterior análisis son cruciales para saber si se ha tomado el camino correcto, tanto en el trabajo como en la estrategia de comunicación que debe mantenerse.

Si el trabajo es acertado, los resultados son evidentes. La mujer personaje público que ha aprendido a cuidar su postura, tanto en familia como en reuniones sociales y de trabajo, siempre es tenida en cuenta como la invitada preferida y la anfitriona ideal. Todos la ven como un ejemplo a seguir.

LA ETIQUETA DE LA BODA

Son muchos los preparativos y largo el tiempo que se requieren para organizar este evento, para muchos el más importante de su vida. En ciudades grandes conviene comenzar los preparativos mínimo con seis meses de anticipación y si se quieren celebrar la ceremonia y la recepción en los mejores sitios, se tienen que separar con ocho meses o un año de anticipación.

En muchos casos, preparar un matrimonio se puede comparar con el acto de gerenciar una empresa; por eso conviene contemplar algunos puntos para evitar futuras complicaciones:

Todo lo que se haga debe ser decidido por ambas partes, el novio y la novia, de manera que al final los dos queden felices con el resultado.

El matrimonio es una ocasión que celebra un sentimiento de armonía, por lo tanto hay que manejar todo con mucha diplomacia. Ninguna decisión se puede tomar sin consultar a ambas partes, para que nadie se sienta excluido. Las personas involucradas en los preparativos de la boda siempre están nerviosas, aceleradas y muy sensibles, pero si las relaciones se manejan con tacto y naturalidad, los resultados serán siempre enriquecedores.

Los novios deben sentir que se trata de su matrimonio, en ningún caso del de sus padres. Los novios tienen el poder absoluto para decidir todos y cada uno de los detalles. Naturalmente, los padres son los mejores asesores, pero no por ser responsables económicos del evento deben imponerse, sólo aconsejar.

Una vez tomada la decisión de casarse, lo primero que deben hacer los novios es informar a sus padres. Si han estado casados previamente, deben hablar con sus cónyuges anteriores y en caso de tener hijos, decírselo a cada uno personalmente; pero si no viven en el mismo lugar o si por alguna razón ineludible no se puede así, comunicarles su decisión por teléfono. Nadie se debe adelantar a los novios para transmitir esta noticia, porque ellos son los protagonistas del evento.

Si no se cuenta con la aprobación de los seres queridos, no se trata de justificar la relación o de tratar de convencerlos para que acepten a la otra persona, simplemente se les informa y se les comunican los datos pertinentes en cuanto a la fecha y locaciones escogidas, esperando que asistan. En muchos casos los sentimientos contrarios se pasan por alto y se aprovecha esta ocasión para olvidar antiguos resquemores y acompañar a la pareja.

Los padres tienen derecho a opinar sobre la parte financiera y pueden preguntarle al novio qué medios y solvencia económica tiene para mantener a su hija. Igualmente, cuando alguno de los dos contrayentes posee una gran fortuna, se tienen que tratar estos temas para llegar a acuerdos y dejar constancia por escrito, mediante documentos que se llaman capitulaciones, en las cuales ambas partes se comprometen a cumplir lo establecido por la ley colombiana. El poseedor de la fortuna debe considerar lo que entregará a su pareja a cambio de renunciar a otras posesiones, siendo equitativo y generoso.

En el caso de que los padres quieran participar económicamente, ya sea colaborando con el gasto de los anillos, obsequiándoles objetos o muebles que por tradición han pertenecido a la familia o regalándoles el viaje de bodas, ésta es la oportunidad ideal para decirlo. Si se trata de personas que no han terminado sus estudios y los padres están dispuestos a continuar sufragando los gastos, deben establecer con claridad en qué forma lo harán. En los días inmediatos a esta conversación, los novios pueden escribir lo acordado y entregárselo personalmente a sus padres.

Si los padres entre sí no se conocen, cada uno de los novios puede invitar a un almuerzo, cóctel o comida, o entre los dos organizar una reunión que congregue a sus padres y hermanos. Cuando los padres tienen que viajar desde lugares muy apartados, sencillamente se presentan los días previos a la boda; y si no pueden asistir, además de excusarse, le escriben una nota amable a la pareja de su hijo o hija. Si los padres no dan su aprobación, se puede ofrecer una recepción estilo cóctel e invitarlos a todos con algunos de sus amigos más cercanos.

Una vez avisados los padres, la pareja los visita para conversar sobre el evento. En el caso de que los padres se hayan vuelto a casar y entre ellos no mantengan relaciones armoniosas, lo mejor es que los novios visiten a casa uno por separado y conozcan sus parejas actuales.

Antiguamente los padres organizaban el matrimonio de sus hijos a su gusto y aprovechaban la ocasión para agradecer atenciones. Actualmente los novios tienen completa autonomía, saben lo que quieren y así lo hacen. Los padres deben ser muy respetuosos y no meterse en la relación íntima que sus hijos han sostenido antes del matrimonio. Si han vivido o no juntos, no es de su incumbencia.

Una vez anunciada la boda a los progenitores, ellos deben decidir si permiten o no que la pareja duerma en su casa y en el mismo cuarto mientras están todavía solteros.

A los amigos se les informa la decisión de casarse con naturalidad y espontaneidad, según se haya llevado la relación con ellos. No se puede pretender que por el hecho de que se esté enamorado vaya a haber una mutua aceptación de la nueva persona. Los amigos íntimos generalmente no reaccionan bien y les toma tiempo adaptarse al hecho de que en el futuro las cosas cambiarán y ya no podrán continuar compartiendo con el que se casa de la misma manera. Pueden surgir celos que provoquen situaciones difíciles de manejar. Para limar asperezas, lo mejor es darle atención especial al amigo, pasar algún tiempo con él, no forzarlo a aceptar a la nueva persona ni pretender que se vuelvan amigos de la noche a la mañana. Los afectados son los que deben resolver por sí mismos la relación que van a mantener entre ellos. El buen amigo no debe involucrarse en la relación, a no ser que sea consultado; en el caso de no haber empatía con la nueva pareja de su amigo o amiga, hay que ser diplomático y respetuoso. Cuando se quiere a un amigo se debe aceptar la decisión, así no se comparta el gusto.

No es conveniente que la pareja y el amigo se vuelvan íntimos o confidentes, porque se puede prestar a situaciones embarazosas que terminan en comentarios incómodos acerca de vivencias, experiencias o confidencias anteriores.

Existen innumerables opciones para celebrar un matrimonio: tradicional, campestre, en una isla, en la playa, en un barco, en un teatro, etc. Lo importante es definir con tiempo la clase de matrimonio que se desea tener y escoger un tema principal para que la boda tenga identidad propia y todo armonice.

Una boda es la situación ideal para sorprender a todos y hacer una celebración inolvidable tanto para los novios como para los invitados.

Algunas parejas obvian las celebraciones tradicionales y optan por llevar a cabo una pequeña reunión de carácter privado, por múltiples razones, por ejemplo, emplear ese dinero en la adquisición de vivienda, implementos o cualquier otro objeto necesario. Esta decisión se debe comunicar a todos los familiares cercanos y ellos deben respetarla, aunque no la compartan. En este caso, los novios solamente anuncian su matrimonio a través de una participación y los que quieran envían regalo o los invitan a una celebración.

En relación con la parte financiera, en una boda no sólo se trata de lo que se va a gastar sino de cómo se va a gastar, y este es el principal punto a considerar.

❧LOS GASTOS❧

Tradicionalmente se establecían los gastos de cada uno de los contrayentes y este era un paso seguido sin mayores contratiempos. Hoy en día esto ha cambiado: básicamente se continúa con la misma lista de gastos, pero se decide con lógica a quién le corresponde hacerse cargo de cada uno. En algunos casos, los mismos novios pagan todos los gastos, no sus familias, especialmente cuando se trata de segundas o terceras nupcias. Entonces, se dividen los gastos por partes iguales.

El novio compra los anillos y hay diferentes maneras de llevar a cabo este punto. Antiguamente, el novio lo escogía según su gusto y presupuesto. Actualmente, si lo desea puede llevar a la novia y escogerlo entre los dos, teniendo en cuenta que es ella quien lo va a usar.

En caso de que el novio haya escogido un anillo que no le gusta a la novia, no es oportuno que ella lo cambie o modifique el diseño, ni antes ni después de la boda, porque heriría su sensibilidad.

Algunas familias entregan a la pareja de su hijo o hija, especialmente, el anillo que ellos o sus antepasados han usado; en estos casos es prudente preguntar si el que lo va a recibir está de acuerdo, para evitar fricciones.

Tradicionalmente, los papás de la novia se hacían cargo de los principales gastos de la boda y el novio de los gastos de la iglesia: música, ceremonia y flores, además del ramo de la novia y de sus acompañantes.

Hoy en día se acostumbra a compartir estas responsabilidades entre las dos familias o entre los mismos contrayentes, si ya son financieramente estables e independientes. Los padres de la novia pagan el vestido de ella y todos los gastos de la recepción, excepto los licores y la música elegida, gastos que corresponden a la familia del novio, sobre todo cuando la novia y su familia no tienen una situación económica muy holgada. El novio también se hace cargo de los gastos de la iglesia. Y si la situación económica de los padres del novio se los permite, pueden ofrecer pagar todos los gastos de la boda, con excepción del vestido de novia.

Si se celebra compromiso matrimonial, tradicionalmente corresponde a la familia de la novia, quien invita a un cóctel o cóctel-comida. Pero en los últimos años se ha vuelto muy común que en lugar de compromiso, se celebre el día de los regalos, tres días antes del matrimonio, para que los novios y su familia puedan descansar antes de la boda y la noche anterior al matrimonio no tengan que ofrecer un cóctel o comida, que inevitablemente termina en fiesta, dado que en los países latinos es común que el novio y sus amigos prolonguen la reunión hasta medianoche, para poder continuar con la serenata que él le lleva a su prometida.

Sin embargo, hoy en día nada está estrictamente demarcado en cuanto a la parte económica. Quienes deciden cómo manejar este asunto son los novios y su decisión debe mantenerse y manejarse con absoluta discreción.

En caso de que las finanzas no se manejen de la forma tradicional, el poder de decisión depende de la novia y sus padres. El novio y su familia deben limitarse a opinar, cuando se les consulte. Esto se extiende a la lista de invitados, en la cual la novia tiene una prioridad del 60 por ciento y el novio y su familia del 40 por ciento. En caso de que la familia del novio tenga mayores obligaciones sociales, la cantidad de invitaciones se divide por mitad.

GASTOS DE LA NOVIA

Si se hace una recepción con ocasión del compromiso, debe ser pequeña. Se invita un sacerdote para bendecir las argollas, y se ofrece una cena, ojalá de carácter íntimo. Los invitados llevan un regalo sencillo, dado que más tarde tendrán que comprar el regalo de la boda. Muy pocas parejas, hoy en día, llevan a cabo esta práctica, pero es su decisión, no la de los padres, si quieren celebrarla o no.

Los gastos del compromiso corresponden a la novia y su familia, al igual que los siguientes:

Las invitaciones y participaciones debidamente impresas y distribuidas.

El costo del asesor de la boda, si se escoge.

El vestido de novia, los accesorios y su arreglo correspondiente.

La recepción del día de los regalos.

La recepción del matrimonio· el lugar, el ponqué, la comida, los licores, la música y las flores. En caso de que la familia de la novia o ella misma tengan menor capacidad económica que el novio o su familia, éstos contribuyen con los licores y la música.

Las fotos, videos o películas que se tomen en la ceremonia y la fiesta.

El cojín para que el paje lleve los anillos.

Los arreglos florales para los pajes y la corte, si la hay.

Los recordatorios para los invitados.

Las tarjetas de agradecimiento por los regalos.

El alojamiento y transporte del personal que oficie la ceremonia, en caso de que no se encuentren en el mismo lugar.

Las flores, el alojamiento y transporte de las damas de honor.

EL ajuar, *trousseau* o vestuario de la novia, que antiguamente se consideraba un aporte para el novio, quien así no tenía que preocuparse por vestir a su señora recién casada.

La ropa blanca: sábanas, manteles y toallas. Aunque éste era un gasto que acostumbraba pagar la novia, hoy en día, si desean, pueden repartírselo o asumirlo el novio para ayudar a la novia y su familia, quienes ya han incurrido en demasiados gastos.

GASTOS DEL NOVIO

Todo el papeleo necesario: la licencia, el registro, los permisos, en caso necesario.

Los anillos.

El vestido que decida llevar junto con todos los accesorios.

La serenata.

La música de la iglesia o templo, coros, organista y demás personas del servicio de la iglesia, involucradas en la ceremonia.

El ramo de novia, el arreglo de flores para el automóvil de los novios y las flores de la iglesia, además de los arreglos, coronas o ramitos para las damas de honor, y los pétalos de rosa para cubrir el tapete o para arrojarles a la salida de la ceremonia en lugar del arroz.

Los *boutonnières* o azahares que se colocan en la solapa del novio, de los padres, de los padrinos y de los parejos de la corte de honor.

El arriendo del automóvil para los novios.

El transporte para los que oficien la ceremonia, en caso necesario, y para los miembros de la corte y la familia del novio.

El costo o donación por el servicio religioso. El arriendo de la alfombra roja que se extiende desde el lugar de llegada del automóvil hasta el altar, si la iglesia o el templo no lo suministran.

Todos los gastos de la luna de miel, comenzando por la noche de bodas.

Algunas veces los padres o los padrinos de bautizo, confirmación o matrimonio de uno de los contrayentes deciden regalarles la noche de bodas o la luna de miel.

GASTOS DE LOS PAJES Y LA CORTE

La novia paga los vestidos de los pajes. En cuanto a la corte, tradicionalmente los padres de la novia pagaban estos atuendos, ahora se considera un honor haber sido escogido y, por cortesía con la novia y sus padres, cada uno paga su vestimenta, escogida por la novia.

El novio paga las flores de la niña compañera del paje y de las damas de honor y el *corsage* o *boutonnière* de sus parejos.

LAS PROPINAS

Lógicamente las propinas se reparten según lo que cada uno haya pagado.

A cargo de la novia: el peluquero, el maquillador y la ayudante para vestirse, que usualmente es alguien que trabaja con el diseñador del vestido de novia.

Si la recepción ha tenido lugar en un club u hotel, lo mejor es darle al administrador una suma para que la reparta entre todos los involucrados. Se calcula el 10 por ciento del valor de la cuenta.

A cargo del novio: el costo de las personas involucradas en la música, la decoración, la seguridad y adecuación en general de la iglesia o templo. El costo de los choferes de los automóviles que se hayan contratado para llevar a los novios, al oficiante de la ceremonia, a la corte o demás familiares.

PRECAUCIÓN

A fin de evitar malentendidos, una vez se haya decidido quién paga qué, la novia debe escribirlo y entregar una copia de lo acordado a su prometido.

EL AUTOMÓVIL

Aunque algunas parejas prefieren una limusina o un carro lujoso moderno, los vehículos más solicitados para este tipo de evento son los clásicos, cuya antigüedad puede ser hasta de cincuenta años. Los hay muy bien mantenidos y en gran variedad de colores, pero como es costoso alquilarlos, se deben tomar ciertas precauciones.

El automóvil debe estar en casi perfecto estado, para esto es mejor probarlo y al hacerlo, fijarse si es fácil subir y bajarse y si tiene suficiente espacio para sentarse cómodamente con el vestido de novia y los pajes. También, si está bien protegido en caso de que llegue a llover.

Si la boda es fuera de la ciudad, vale la pena hacer el recorrido antes de tomar la decisión, para asegurarse de que el carro no se vare y funcione bien por carreteras difíciles. Si llega a fallar, escoja otro. Y si es prestado por un amigo, dígale a alguien de su confianza que los siga el día de la boda.

De día lucen mejor los carros deportivos, de colores claros; de noche, los ceremoniales y oscuros.

Si se trata de una recepción fuera de la ciudad, se puede reemplazar el automóvil por una carroza o un coche de caballos antiguo, consiguiéndolos con suficiente anticipación.

Reserve el automóvil con seis meses de anticipación, para asegurar el escogido.

Escoja el carro de un color que vaya de acuerdo con las flores de la iglesia, que son las mismas con que se va a decorar el automóvil.

Cuando se trata de una boda fuera de la ciudad, se debe pensar en el transporte de los invitados, que en muchos casos han venido especialmente para el matrimonio; esta facilidad también es parte de los gastos de la boda. Lo mejor es pensar en camionetas o pequeños buses.

Cuando establezca la tarifa, tenga en cuenta el recorrido, ya que si es corto, vale menos, y eso hay que decidirlo con anticipación.

Aclare el tiempo que debe permanecer el auto en su poder, lo usual son por lo menos tres horas e incluye el chofer todo el tiempo. El chofer, vestido formalmente, debe llegar a la casa de la novia una hora antes de la ceremonia y después de llevar a los novios a la recepción debe permanecer una hora más, por si quieren que les tomen fotos en el carro.

Otra opción son los carros modernos. Lo importante es que sean de cuatro puertas y amplios adentro. También hay que probarlos y examinar si cumplen los requisitos.

LOS ANILLOS Y ARGOLLAS

El anillo de compromiso siempre se ha considerado una alianza, un símbolo que sella la promesa del matrimonio ante la familia y el resto del mundo.

Hasta hace algunos años, el novio escogía el anillo según su gusto y presupuesto, y sorprendía a la novia. Ella, a su vez, compraba la argolla de él y el día del compromiso o bendición de las argollas, intercambiaban. Ahora ambos escogen los anillos de mutuo acuerdo y según sus posibilidades, el novio los compra. Si la novia quiere y puede, compra la argolla de su prometido del mismo metal que la suya.

Antiguamente, desde el día en que la novia recibía su argolla, la llevaba en el dedo anular de la mano izquierda, y el día de la boda, la pasaba a su mano derecha, pero cómo hoy en día ya no se lleva a cabo esta celebración, el sacerdote bendice los anillos y simbólicamente los entrega a ambos durante la ceremonia, el día de la boda. La tradición de llevar la argolla en el dedo anular se fundamenta en la creencia de que las venas de este dedo van directamente al corazón.

La novia puede llevar puesta la argolla o el anillo desde que el novio se lo dé, ya sea en un acto social o privado, pero el día de la boda no debe usarlo sino hasta después de la bendición e intercambio de las argollas, símbolo de su unión. Esta costumbre se remonta a la época de los faraones, en el antiguo Egipto, donde los enamorados se juraban amor eterno, mientras se entregaban anillos de hierro y otros metales.

Los anillos o argollas se pueden elaborar en platino, oro blanco, oro amarillo o plata. Los contrayentes pueden escoger una argolla acompañada de un anillo con la piedra de su gusto, o simplemente una argolla delgada o ancha, o sólo un anillo con la piedra seleccionada. Por dentro de cada argolla se inscriben las iniciales del otro contrayente, o su nombre, junto con la fecha de la boda.

El anillo de diamante, piedra preciosa por excelencia que simboliza eternidad, es el favorito en estos casos, desde 1477, año en el cual el archiduque Maximiliano de Austria dio origen a esta costumbre cuando le regaló a su prometida, María de Borgoña, un anillo de compromiso con un valioso diamante. Desde entonces ha sido la piedra tradicional y la más elegida por las parejas que desean darle el carácter de dureza y resistencia a su relación. La transparencia y pureza de esta piedra no permiten que se raye con ningún otro mineral, característica innegable de su belleza y exclusividad. La dureza representa la firmeza del compromiso y la transparencia la inocencia de la novia.

El diamante más apetecido es el clásico solitario con 58 cortes triangulares, que actúan como prismas, en símbolo de compromiso. Si se quiere, puede ir acompañado de una argolla de diamantes.

En un principio, cuando sólo los miembros de la realeza los podían adquirir, los diamantes provenían exclusivamente de la India, pero desde 1867 se descubrieron minas en Sudáfrica, de donde ahora provienen la mayoría.

Al escoger un diamante se deben tener en cuenta cuatro importantes factores: corte, color, claridad y peso.

El *corte* preferido es el redondo, pero también hay corte "esmeralda", de forma rectangular; corte "princesa" o cuadrado, y corte "marquesa" o alargado, con los extremos en forma de punta.

El *color ideal* debe ser semejante al del cristal fino o sea transparente, pero también hay diamantes amarillos, azules, rojos, naranja y cafés.

La *claridad* depende sobre todo de que sean prácticamente invisibles las fallas que tiene todo diamante, denominadas "inclusiones" si son internas y "manchas" si son externas.

El *peso* se mide en quilates y cada quilate equivale a 200 miligramos, 100 puntos son un quilate y 5 quilates un gramo.

Las otras piedras que también son favoritas por su transparencia, belleza y colorido son la esmeralda, el zafiro y el rubí.

La esmeralda representa equilibrio emocional, calma, paz, paciencia, amor y amabilidad. Según la leyenda, esta piedra tiene una conexión con Venus, la diosa griega del amor, según la cual si la relación amorosa se deteriora, la piedra se opaca, pierde brillo y muere.

Las esmeraldas más finas del mundo se encuentran en las minas de Muzo, en el departamento de Boyacá, en Colombia, y se denominan "gota de aceite", pero también hay minas de esmeralda en Brasil.

El zafiro es muy usado por los ingleses; siempre recordaremos el que recibió la princesa Diana el día de su boda. Según su tradición, el anillo de compromiso siempre debe incluir un zafiro porque éste es símbolo de felicidad y fidelidad.

Otra piedra muy apetecida en estos casos es el rubí, por la asociación milenaria que hacen los hindúes con el fuego, lo cual hace que irradie calor y sea una forma de garantizar amor eterno, paz y felicidad, además de servir para curar algunas enfermedades y ahuyentar pesadillas.

El rubí más fino que se conoce se denomina "sangre de pichón" y es originario de Burma y de la India.

Ya sea de una piedra o de otra, lo importante al comprar esta joya tan especial es tener en cuenta que se debe adquirir en una joyería de renombre, que expida un certificado de autenticidad de la piedra con todas las especificaciones en cuanto a talla, forma, quilates, dimensiones en milímetros, corte, grado de color y claridad.

Todas estas piedras deben tratarse como lo que son: "joyas preciosas", guardarse en lugares secos y seguros, no someterse a cambios bruscos de temperatura y lavarlas con agua tibia, jabón y unas gotas de detergente.

❧CURSOS PREMATRIMONIALES❧

Así como entre los judíos, una pareja que va a casarse se prepara yendo a donde el rabino y su señora para hablar de su futuro compromiso, entre los católicos también la Iglesia desempeña un papel primordial y antes de la celebración del rito requiere como requisito indispensable para poder casarse, que los contrayentes hayan asistido a una serie de conferencias.

Esta costumbre existe en Colombia desde hace 35 años. En un principio consistía en un curso al que debían asistir ambos novios durante cinco días y por lo general se llevaba a cabo en la parroquia donde se iba a celebrar el enlace. Si la novia vivía en una parroquia diferente, debía pedir permiso para contraer matrimonio en otra y por ende tomar el curso allí.

Hoy en día, algunas iglesias periódicamente lo hacen, pero también hay lugares especializados para este efecto en todas las localidades. El curso se dicta, por lo general, en uno, dos o tres días, los fines de semana.

Los tópicos que tratan son muy útiles y se refieren al compromiso que adquiere la pareja al casarse, siguiendo el ideal del matrimonio Católico que fue instituido para durar toda la vida; se habla de los posibles sabores y sinsabores que puede contener la unión y se dan guías para poder manejarlos.

❧LA DOCUMENTACIÓN❧

Los papeles necesarios para poderse casar por el rito católico en Colombia son:

Partida de bautismo vigente.

Certificación de la confirmación.

Registro civil de nacimiento.

Curso prematrimonial certificado por el párroco, sacerdote diocesano o vicario.

Si se lleva a cabo la ceremonia en una capilla a la que no pertenece ninguno de los novios, es necesario un permiso de una de las parroquias.

Escoger dos padrinos.

Cancelar los derechos parroquiales.

CAPITULACIONES

Acuerdos o arreglos que se hacen antes de contraer matrimonio en casos especiales y específicos, por ejemplo, cuando alguno de los contrayentes posee una inmensa fortuna o cuando existen niños de relaciones anteriores.

En Colombia las capitulaciones están reguladas por el Código Civil y relacionan el valor de los bienes que cada uno aporta al matrimonio y regulan la relación circunstanciada de las deudas de cada uno.

Cuando se constituyen sobre bienes raíces, se otorgan en forma solemne. De lo contrario, el acuerdo se suscribe en un documento privado, firmado por los contrayentes y tres testigos domiciliados en el mismo territorio. Una vez así celebrado, no puede alterarse ni con el consentimiento de las personas que intervinieron.

De igual manera, si mediante estas capitulaciones se pacta una separación total de bienes en el matrimonio, no se puede derogar por acuerdo dicho régimen para convenir posteriormente en la sociedad conyugal. Si existe sociedad conyugal, a falta de pacto escrito, este sistema puede convertirse en apropiado para la separación de bienes.

Teniendo en cuenta que este es un tema delicado porque toca puntos sensibles, conviene manejarlo desde un principio con gran prudencia. El tema lo tratan solamente los contrayentes y cuando lleguen al acuerdo verbal, cada uno debe consultar con un abogado de su absoluta confianza.

En el caso de una pareja que se casa por primera vez, la forma como se maneje este tema tiene que ser acompañada de honestidad, sinceridad y generosidad, además de prudencia. Para que a la contraparte no le incomode el asunto o no le vaya a dejar un mal sabor, conviene comenzar por decir lo que va a recibir a cambio de renunciar a ciertos bienes, y como es obvio, se le tiene que otorgar lo que lo deje contento, nunca incómodo o que le dé la sensación de que su pareja es mezquina o injusta. Una vez conversado el tema, no discutido, se hace una cita con el único fin de firmar el documento y, si ambos están de acuerdo, pueden ir con sus respectivos abogados. Ninguna otra persona, familiar o amigo debe tomar parte en esta reunión, que tiene por consiguiente carácter privado.

Es mejor dejar estos asuntos resueltos desde un principio y hacerlo de manera que para ambas partes sea un buen arreglo. Así se evitarán problemas posteriores que pueden ir en contra de la relación o de los bienes.

OTRAS CEREMONIAS MATRIMONIALES

MATRIMONIO JUDÍO

El matrimonio reviste enorme importancia en la cultura judía. Su celebración varía según la tendencia religiosa de los contrayentes: ortodoxa, conservadora o reformista. Una vez decidido el matrimonio, los novios asisten a reuniones de preparación con el respectivo rabino. Antes de la boda, la novia debe cumplir con la ceremonia de inmersión en la *mikve* o baño ritual de purificación. El novio, por su parte, es llamado a la *Torá* antes de la boda, en la ceremonia denominada *ofrif*. No se pueden celebrar bodas judías en los días de fiestas religiosas, por eso generalmente se llevan a cabo los sábados por la noche o los domingos. Nunca se celebran matrimonios en *Shabat*, que va del viernes en la noche al ocaso del sábado. La boda se puede celebrar en una sinagoga o en el mismo lugar de la recepción. La novia va de blanco y lleva un velo que le cubre la cara.

Los contrayentes realizan dos contratos, uno para el compromiso y otro para la boda. Este último se llama *ketubah* y es firmado por los novios durante la ceremonia o más tarde, ante dos testigos. Son documentos de gran importancia dentro de la tradición judía, así no tengan validez legal en muchos países.

Sea en la sinagoga o en otro lugar, la ceremonia del matrimonio se realiza bajo la *jupá*, un pabellón a manera de toldo que lleva en la parte superior un *talit* o manto de rezo, símbolo del hogar judío que se está formando en ese momento. En las bodas, como en todas las ceremonias religiosas judías, los hombres llevan la cabeza cubierta con un pequeño solideo, *kipá*, disponible a la entrada.

Es costumbre que el día de la boda los novios no se vean antes de la ceremonia. Los novios entran con sus respectivos padres, primero el novio, luego la novia. Cuando la novia ingresa, el novio sale a recibirla, le levanta el velo, los padres la bendicen y todos suben a la *jupá*. Las madres acompañan a la novia a dar siete vueltas en torno al novio, en recuerdo de los siete días de la creación. Siguen las bendiciones tradicionales y la entrega de los anillos. El novio le coloca a la novia un anillo sencillo en el dedo índice de la mano derecha; luego la novia hace lo mismo con el novio, al tiempo que dice: "Yo para mi amado y mi amado para mí". Al momento de finalizar la ceremonia, el novio quiebra una copa de vidrio con el pie, en recuerdo de la destrucción del templo de Jerusalén. En este momento es costumbre que los invitados colectivamente expresen su alegría y felicitación a los novios con palmas y melodías tradicionales. Los novios abandonan luego la *jupá*, seguidos de la corte y los padres.

Las fiestas de matrimonio son muy alegres y la comida abundante. Los novios son los protagonistas centrales. En ocasiones los levantan en asientos para celebrar un baile en el que todos, desde niños hasta ancianos, participan.

CEREMONIAS CIVILES

El matrimonio civil puede celebrarse en el despacho del juez o del notario, en la casa de los contrayentes o en otro recinto, en presencia de dos testigos.

En esta ceremonia, el notario o el juez, acompañado de su secretario, pregunta a los novios si su decisión de contraer matrimonio es voluntaria, explica la naturaleza del contrato y procede a casarlos.

Explica cómo, ya sea por muerte de alguno de los cónyuges o por divorcio declarado por un juez de familia, el vínculo puede disolverse y declararse cesantes sus efectos civiles. A continuación les leen los derechos y deberes de la pareja, que se compromete a vivir junta, a procrear, a apoyarse, a ser fieles, a ayudarse y a socorrerse.

Los novios hacen votos e intercambian anillos, el juez o notario los declara marido y mujer, y se firma el acta que sirve para protocolizar y registrar el matrimonio. Después de la ceremonia, es costumbre ofrecer una recepción en la casa, un club, hotel o restaurante.

La vestimenta para el matrimonio civil debe ser discreta. La novia no lleva vestido blanco largo ni velo, como en la ceremonia religiosa. Puede escoger un vestido a la altura de la rodilla o un poco más largo, color marfil, *beige*, gris perla u otro de intensidad pastel; de ninguna manera negro, porque es un color que se lleva en ocasiones de luto. Si quiere, puede llevar en la mano un ramo pequeño o un *corsage*: arreglo de flores en la solapa, regalo de su pareja. El novio viste un traje formal de un solo color, gris oscuro o azul. El costo de este oficio lo paga el novio, los gastos de la celebración se reparten de común acuerdo.

En algunos casos, debido a distintas circunstancias, como puede ser que los novios vivan en un lugar diferente al de sus padres, se celebra primero el matrimonio civil y más tarde el religioso, lo cual les permite desempeñar el papel de casados para efectos legales. Si transcurre un tiempo largo entre las dos celebraciones, la religiosa deberá ser sencilla y discreta, con música y flores, pero no con todo el ceremonial tradicional que se inicia cuando el padre entrega a la novia en el altar, ni tampoco se usa que el novio vuelva a darle el anillo a su pareja. A esta ceremonia asisten únicamente los padres y los amigos más cercanos, ya que se considera más una bendición que una boda.

Documentación necesaria en Colombia: Registro civil vigente. Cédula de ciudadanía y fotocopia autenticada de la misma. Solicitud del permiso de matrimonio al notario o juez civil del lugar donde se viva, el cual debe estar precedido de un edicto que se fija durante cinco días hábiles en la secretaría de su despacho y luego se publica en un periódico nacional. Al cabo de estos días, si no se ha presentado ningún impedimento, se concluye el trámite legal. Pago de una suma de dinero que varía según el lugar donde se lleve a cabo la diligencia. Autenticación de estos documentos y sus copias correspondientes. Los papeles deben entregarse con veinte días de antelación a la fecha fijada, para dar tiempo a la fijación del edicto.

Pueden casarse por lo civil los mayores de 18 años. Las mujeres mayores de 12 y los hombres de 14 años necesitan un permiso firmado y autenticado de sus padres.

En caso de un segundo enlace, debe adjuntarse a la solicitud el registro civil de defunción del cónyuge, la sentencia del divorcio o la providencia que declara la nulidad del compromiso anterior. Cuando alguno de los contrayentes se ha casado en un país diferente debe presentar la sentencia de divorcio de dicho país.

Cuando hay hijos menores de uniones anteriores, es necesario presentar un "inventario solemne de bienes", llevado a cabo por un curador designado por un juez de familia o el apoderado de los niños.

En caso de que se desee celebrar la unión en un sitio diferente, se solicita permiso con la debida anticipación al juez o notario, responsabilizándose de los gastos extra. La ocasión permite intercambiar anillos y el acto puede acompañarse con música o un brindis de champaña.

Lo mismo que el matrimonio católico, todas las uniones tienen efectos legales, aunque no se hayan registrado ante la Registraduría Nacional. Por esta razón, es necesario el divorcio en caso de un futuro enlace. Sin este documento no se puede llevar a cabo este contrato ante notario o juez.

MATRIMONIOS A ESCONDIDAS

Una vez dada a conocer la noticia, si los padres aprueban el hecho, pueden imprimir unas tarjetas para comunicar a sus familiares y amigos la noticia. Si los que la reciben lo desean, envían un regalo, pero no hay obligación expresa.

En caso de que no haya consentimiento de los padres de la pareja, los contrayentes envían unas tarjetas comunicando su enlace a los interesados, con la fecha y el lugar en donde se celebró la ceremonia. La dirección se coloca discretamente en el sobre, por si alguien quiere enviar regalo.

Si los padres desean celebrar, pueden ofrecer una recepción informal para los familiares y amigos cercanos, invitándolos por teléfono o por escrito, y explicando claramente la razón del evento, junto al nombre de cada uno de los recién casados.

CUANDO LA NOVIA ESTÁ EMBARAZADA

En este caso específicamente, la regla de oro es la discreción. Si a la novia no se le nota el embarazo, la ceremonia y la recepción se pueden planear normalmente, pero si su estado ya es obvio, hay que tener en cuenta que todos estarán pendientes de ello y lo que conviene es manejarlo con respeto hacia la novia y hacia todos los participantes. Así, en lugar de usar vestido blanco, la novia puede llevar un vestido de color marfil o un traje con bordados y adornos de esta tonalidad u otro color claro de intensidad pastel.

La celebración debe ser sencilla y de buen gusto, para que los invitados no la interpreten como un irrespeto o burla al hecho mismo o a la tradición.

La aprobación de los padres es la mejor ayuda para la pareja, pero de ninguna manera deben obligar ala pareja a casarse si no quiere, ya sea porque no estén enamorados o por otra razón.

Cuando el embarazo está muy avanzado, conviene lucir un vestido de maternidad blanco, corto, en material elegante, que no sea pesado para no incomodar a la contrayente. La ceremonia y su celebración no deben ser muy grandes, sólo con familiares y amigos cercanos.

Los padres que deciden comunicar la noticia, deben hacerlo con honestidad y discreción, o sea, con altura, tónica que debe imponerse en toda la celebración, como la mejor manera de ayudar a la pareja que inicia una nueva vida, con deseos de corregir los errores cometidos y así poder ofrecerle a ese nuevo ser que viene en camino, un ambiente propicio para nacer y crecer dignamente.

LA PAREJA QUE CONVIVE Y DECIDE CASARSE

En caso de que quieran celebrar su enlace y, por ende, enviar invitaciones, son ellos y no los padres los que invitan.

Si deciden hacerlo sencillamente, sin protocolo, lo celebran primero en privado y más tarde se lo comunican a los interesados, ya sea por teléfono o por medio de una nota.

SEGUNDOS O TERCEROS ENLACES

Al decidir casarse habiendo estado en la misma situación anteriormente, conviene seguir unas normas básicas para no herir susceptibilidades o no hacer el ridículo.

☞ No se lleva vestido blanco de novia con velo o parecido, ni tampoco hay pajes ni corte de honor.

- En caso de ceremonia religiosa, ésta debe ser discreta, sencilla, sólo con asistencia de los familiares más cercanos y unos pocos amigos.
- A la celebración se puede invitar el número de personas que se quiera, siempre y cuando no se exagere y se respete la susceptibilidad de los familiares o hijos del primer matrimonio, si los hay. Conviene recordar que para que todo salga bien, no hay que herir ni molestar a nadie.
- Los contrayentes son los que invitan, ya sea con invitación timbrada u oralmente, excepto si la novia es joven y se casa por primera vez, caso en el cual sus padres invitan a la celebración.
- A los amigos que no asisten, dado que el carácter de esta reunión implica que no puede ser muy grande, se les envía una participación a nombre de la pareja.
- Si se acaba de enviudar, por respeto, debe esperarse por lo menos un año antes de volver a casarse.
- Las parejas que están tramitando su divorcio no pueden anunciar su nuevo enlace, hasta que el divorcio no se haya concedido.
- Antes de formalizar una relación es indispensable que las familias se conozcan y a continuación cada progenitor debe asegurar a sus hijos que esta nueva unión no los afectará en ningún sentido, que la relación existente no se acabará y que económicamente su situación está resuelta y segura.
- Los hijos son los primeros que deben enterarse de que sus padres se volverán a casar, y cada progenitor tiene que comunicárselo, si es posible personalmente. Nunca deben enterarse por terceras personas porque lo único que se logrará será indisponerlos.
- El cónyuge o pareja anterior también debe ser avisado por la misma persona que se va a casar y ojalá en una ocasión especial, en la cual se encuentren las dos personas que fueron pareja anteriormente, en privado.

- Una mujer no lleva el anillo que le ha entregado su futuro esposo hasta que él no haya finalizado legalmente sus trámites que lo liberan de la relación anterior.
- El anillo de una relación anterior no se debe usar cuando se tiene otra pareja. Lo mejor es hacer modificar la montura y convertir el anillo en un accesorio diferente.
- No se deben esperar regalos importantes, como en el caso del primer matrimonio, ya que los invitados enviarán regalos si lo desean, pero no es obligatorio.
- La pareja se divide los gastos por partes iguales en lo que concierne a la celebración y la recepción.
- Si la novia es soltera, sus padres se hacen cargo de los gastos, según la tradición.
- Los hijos deben asistir y se puede aprovechar el momento en que se habla con la pareja anterior, para comunicarles este deseo.
- Si el hombre es soltero y desea que su novia, quien ya estuvo casada, se vista de blanco, ella puede llevar un vestido con adornos o apliques en colores crema y un ramo de flores de colores, pero en ningún caso velo. Sus hijos la pueden acompañar como pajes, si lo desean. En este caso se deben omitir algunos pasos de la boda tradicional, como por ejemplo el saludo. De resto, hay ponqué, comida y música, siempre teniendo en cuenta la discreción.
- En caso de ceremonia religiosa, puede haber música que acompañe, pero no la "Marcha nupcial".
- Los *showers* o lluvia de regalos se ofrecen sólo cuando la novia es soltera, de lo contrario se omiten.
- Las despedidas de solteros son bienvenidas, si los amigos lo desean.

En Colombia los documentos necesarios son: registro civil del matrimonio anterior, acompañado de la sentencia de divorcio. En el caso de existir hijos, se adjunta un inventario solemne de bienes realizado por un curador de un juzgado de familia. No se necesitan testigos. Libreta militar del novio. Firma de la escritura pública, por parte de los contrayentes y el notario.

En caso de capitulaciones, se deben realizar previamente por escritura pública firmada por ambos contrayentes.

Están impedidos los menores de edad, quienes no hayan disuelto su sociedad conyugal anterior, tengan parentesco hasta cuarto grado de consanguinidad o tengan incapacidad física o mental.

MATRIMONIOS ORIGINALES

Cuando se trata de una pareja que decide casarse pero que no quiere hacerlo por ningún ritual tradicional, se da el caso de que después del matrimonio civil se realice una celebración de carácter único y original en toda su extensión. Estos festejos se hacen en una playa, isla, barco, avión o inclusive bajo el agua, como lo han hecho parejas de buzos. En caso de que la pareja quiera imprimirle a su enlace un sello personal, puede celebrar un ritual de otras culturas, como puede ser una fiesta hindú.

Por lo general, se siguen algunos pasos tradicionales, como el intercambio de argollas, el ponqué o las flores, y siempre se determina un momento para hacer un pacto o acuerdo matrimonial, que puede ser oficiado o dirigido por algún amigo y que sirve para sellar la unión de la pareja. Estas situaciones están llenas de sorpresas, pues todo es inesperado y permitido, y siempre van cargadas de romanticismo.

Para que todo sea armónico, se escoge un tema y se mantiene hasta en los más mínimos detalles, como pueden ser la comida, el menú o los recordatorios. Todo está permitido, siempre y cuando se haga con respeto y buen gusto. Esto hará que todos los asistentes recuerden siempre este festejo y que la pareja lo disfrute al máximo que, en pocas palabras, es de lo que se trata.

A los invitados se les empieza a demarcar el carácter del agasajo desde la misma invitación y si se quiere, puede pedírseles que asistan vestidos según el tema escogido, lo cual de ninguna manera puede hacerlos sentir incómodos o ridículos. Puede decir, por ejemplo: "Por favor, asistir vestidos de blanco", cuando se trata de una recepción en la playa.

MATRIMONIO DE PERSONAS MAYORES

Se celebran con sencillez absoluta, tanto la ceremonia religiosa como la celebración. Los involucrados son quienes deciden de qué manera quieren casarse y no tienen que guiarse por lo establecido según la tradición, pero sí vale la pena contemplar algunos puntos para no quedar en ridículo.

La novia lleva un vestido corto o largo, según la manera como se haya invitado a la recepción, sencillo, sin bordados ni arreglos ostentosos, blanco en tela que caiga y, si es largo, en un estilo elegante que vaya de acuerdo con su figura. Se deben evitar los escotes o arandelas y en lugar de ramo se usa un *corsage* o arreglo de flores que se pone sobre el vestido, abajo del hombro derecho. El novio se viste de acuerdo con su pareja. Si es de noche, lleva corbata negra.

La mujer que se casa no puede vestirse de negro porque es símbolo de tristeza o funeral y se dice que trae mala suerte.

Los invitados asisten vestidos de acuerdo con el atuendo de la pareja, pero tienen que evitar el color blanco para no competir con la novia y el negro por ser de luto.

MATRIMONIO POR PODER

Se realiza cuando la pareja no se puede encontrar en el mismo lugar para llevar a cabo el enlace.

No es necesario que los dos estén de cuerpo presente, simplemente se le otorga el poder a una tercera persona para que represente al ausente. Aun cuando no sea muy usual este tipo de enlaces, en el caso de los divorcios sí es común esta fórmula, cuando alguno de los dos ha decidido irse a vivir a otro país.

En Colombia esta figura es legal desde 1887, cuando se institucionalizó con un carácter bastante machista, dado que sólo se le permitía a los hombres. Sin embargo, desde 1990 está permitido tanto a las mujeres como a los hombres.

Para realizar un matrimonio por poder es necesario nombrar una persona que represente al ausente y constituir este derecho ante un notario público, un juez municipal o el cónsul del país donde se encuentre el contrayente ausente.

Se hace una solicitud a la cual se adjuntan los registros civiles de la pareja y las fotocopias autenticadas de las cédulas. La persona ausente debe escribir el poder y autenticarlo en el consulado correspondiente o en notaría, para poder darle a la persona que lo represente las facultades pertinentes. De igual manera, el apoderado debe adjuntar la fotocopia autenticada de su cédula de ciudadanía.

El cónsul, juez o notario que vaya a llevar a cabo el matrimonio, lo mismo que en el matrimonio civil, fija un edicto en su despacho en el cual lo comunica.

Cuando ambos contrayentes se encuentran en países diferentes a Colombia, cada uno debe realizar estos pasos en el consulado correspondiente.

En algunos países, estos contratos matrimoniales tienen la misma validez que en Colombia, pero para asegurarse, conviene registrarlo donde convenga a cada uno de los integrantes de la pareja.

POSPOSICIÓN DE LA BODA

Ocurren casos que se vuelven imperativos y obligan a aplazar un matrimonio, como puede ser un accidente o la muerte de un hermano. En estos casos, si ya se han enviado las invitaciones y aún queda tiempo, se manda a imprimir tarjetas iguales a las invitaciones pero de una sola cara, en la que dice, por ejemplo:

Eduardo Ospina y Emilie Brandt
avisan que el matrimonio de su hija
Marina Ospina Brandt con Mauricio Filicori Agnelli
ha sido aplazado
del viernes 27 de mayo hasta el viernes 17 de julio a las 8 p. m.
Iglesia de Loyola
Harvard Club 9 p. m.
Nueva York

En caso de que el motivo sea por el fallecimiento de algún miembro de la familia, se debe decir en la comunicación.

Si no hay tiempo para timbrar tarjetas, simplemente se comunica por teléfono a los que sea posible y por telegrama a los que no se encuentren o vivan lejos.

CANCELACIÓN DE LA BODA

Esta es siempre una situación delicada y difícil para todos los involucrados, de tal manera que se debe manejar con excesiva prudencia y respeto por la decisión tomada, y comunicarla a los demás diciendo que fue de mutuo acuerdo. En caso de que haya tiempo, se imprimen tarjetas con las mismas características de las invitaciones, de la siguiente forma:

Eduardo Ospina y Emilie Brandt de Ospina
anuncian que el matrimonio de su hija
Marina Ospina Brandt con Mauricio Filicori Agnelli
ha sido cancelado de mutuo consentimiento.

La novia debe devolver el anillo al novio, a no ser que él le pida que lo guarde, y también todos los regalos de valor que él le haya hecho antes de la boda. Si el novio ha fallecido, la novia se queda con el anillo y los regalos recibidos, pero si es un anillo con el escudo de familia u otro de tradición familiar que haya pasado de generación en generación, lo debe devolver a la familia del novio.

En cuanto a los regalos recibidos, se deben empacar y devolver a cada persona, con una nota de agradecimiento en la que se anuncia que la boda ha sido cancelada.

SIGNIFICADO DE LA SOCIEDAD CONYUGAL

Por el solo hecho de casarse, los cónyuges adquieren una sociedad de bienes, según la ley. En Colombia, ésta se prolonga según el Código Civil, hasta que la sociedad se disuelve, si no es así, sigue acrecentándose, así se hayan separado o vuelto a casar en el exterior. Esta ley se mantiene aun cuando la pareja no viva en armonía. Sin embargo, se comparten las responsabilidades de la pareja como socios, pero no los negocios individuales. Así, los bienes adquiridos y que forman parte del patrimonio de familia no pueden ser parte de las acciones de uno de los dos, en las cuales haya acreedores. Por lo tanto, las obligaciones que se contraigan individualmente se responden a título personal.

En una sociedad conyugal se dan tres patrimonios, el de la mujer, el del hombre y el del matrimonio. La sociedad disfruta de todos los bienes, ya sea los de cada uno, como los sociales, y cada cual es responsable de su gestión personal en virtud de la administración independiente, según lo establece el Código Civil.

Así, al suspenderse la sociedad conyugal no se puede disponer de los bienes hasta que no se adjudiquen en el proceso de separación o divorcio. Es importante que tan pronto se disuelva la sociedad conyugal se haga un inventario de los bienes, se avalúen y adjudiquen; sin embargo, no hay plazo fijo legal para la liquidación. Si alguno de los dos dispone de un bien, el otro puede demandar y solicitar la restitución del mismo.

Los bienes que se adquieren después de la disolución del vínculo, se consideran propios y no pertenecen por lo tanto a la sociedad conyugal.

Si se disuelve la sociedad, no se puede aplicar nada que haga parte de este régimen.

No todo está reglamentado por el régimen matrimonial. Hay algunos asuntos económicos que se encuentran por fuera de éste, como el derecho de alimentos y el usufructo de los padres sobre los bienes de los hijos.

En caso de querer aportar bienes a la sociedad conyugal, o si se quiere seguir administrándolos de manera independiente, se hacen capitulaciones y así mismo se protege el capital ante futuras rupturas o divorcios.

SEGUROS DE LA PAREJA

Cuando una pareja comienza una nueva vida, adquiere una serie de compromisos y responsabilidades, para las cuales se dan unas ayudas que, si son bien decididas y bien manejadas, contribuyen de manera efectiva a la estabilidad, bienestar y futuro de la sociedad familiar. En este caso se trata de los seguros que son indispensables para proteger las inversiones, el futuro de la educación de los hijos, la salud y el retiro de cada uno de los miembros de la pareja.

Para de asegurar la casa, que es el patrimonio más importante, existen pólizas específicas contra incendio, robo, terremoto o percances similares. También es importante tener al día el seguro del automóvil, tanto el obligatorio como el de accidente, robo y daños a terceros.

El seguro de vida individual también protege de manera inteligente, al igual que los seguros médicos que son vitales para toda la familia, además de la necesidad de afiliarse a un sistema de medicina prepagada.

Para asegurarse que los hijos tengan la posibilidad de una educación completa, se expiden pólizas de seguros de educación, y para las eventualidades laborales, seguros que cubren desempleo e invalidez y garantizan una pensión.

☙ASESOR U ORGANIZADOR DE BODAS❧

Es el profesional especializado que se encarga no solamente de aconsejar sino de contratar, supervisar, hacer que el presupuesto alcance y responsabilizarse de que la empresa que significa la organización de este importante evento sea todo un éxito.

Antes de contratar a la persona, es importante confirmar que sea experta en organización de eventos de este tipo y que sepa de etiqueta y protocolo, gastronomía, decoración, relaciones públicas y al mismo tiempo conozca sobre locaciones, decoración y música. Debe, además, poseer cualidades como honestidad, relaciones humanas armónicas, excelentes relaciones públicas, buen gusto y clase.

Para cerciorarse, ojalá se pueda hablar con personas que lo hayan contratado en ocasiones similares, en este caso el "mercadeo de voz" es una garantía.

Al realizar el contrato con el asesor es importante establecer un compromiso serio, en términos legales válidos y con condiciones equitativas. Se incluyen datos esenciales, como las fechas límites para cada una de las fases del acuerdo, la fecha del Día de los regalos y la de la boda. Igualmente, los términos exactos para el pago y se establece si él cobrará comisión o no a los proveedores.

Usualmente se le debe cancelar 50 por ciento a la firma del contrato y el resto en los días inmediatos después de la boda.

También es importante que quede por escrito de qué manera y cuándo se deben hacer los pagos a cada uno de los proveedores y demás personas involucradas en el matrimonio. Si se hace algún cambio, se debe incluir en el mismo contrato.

Los términos tienen que ser claros y precisos para ambas partes y deben enumerarse todos y cada uno de los puntos que son de su responsabilidad. Al final, se debe incluir una cláusula de responsabilidad que garantice la puntualidad y efectividad.

CRONOGRAMA

Cuando una pareja decide casarse, debe preparar el matrimonio con la debida anticipación, para lograr exactamente lo que se propone y de la manera como le gusta. Para que así sea, los preparativos deben comenzar con un año de anticipación en las ciudades grandes y con ocho meses en las intermedias y pequeñas. Parece mucho tiempo pero no es, teniendo en cuenta que los meses elegidos para las bodas son casi siempre los mismos: mayo, septiembre, noviembre y diciembre, entonces todo se dificulta y los lugares especiales que se ponen de moda son apetecidos por todos. Las bodas más recordadas son aquellas en las que todo, hasta el más mínimo detalle, se ha planeado con anticipación. Para este efecto se elaboran dos listas, una principal y otras por meses en cuenta regresiva hasta el día de la boda. La principal contiene todos los puntos a tratar para la celebración y la recepción. Las otras incluyen lo personal y familiar.

Si se ha contratado un asesor, ambas partes deben tener sus listas y la novia, por su parte, tendrá su propia lista además de las anteriores.

Conviene chequear cada uno de los pasos permanentemente para no tener sorpresas desagradables.

Estas listas pueden parecer muy largas o exageradas, pero pretenden abarcar todos los puntos que pueden ser importantes para asegurar que este evento, para muchos el más importante de su vida, resultará como se esperaba y lo que es más importante, será un aprendizaje para todos los que tomen parte en él.

UN AÑO A SEIS MESES ANTES DE LA BODA

Haga un presupuesto y establezca qué clase de boda quiere tener, piense en la ceremonia y la recepción que le gustaría hacer.

Establezca el número de invitados y tenga en mente que es mejor invitar menos y atenderlos de la mejor manera posible.

Consulte con el sacerdote, rabino o persona a cargo de la ceremonia y reserve la locación para esto, ya sea iglesia o sinagoga; no olvide especificar la hora.

Reserve el lugar de la recepción y establezca con precisión qué facilidades proveen y cuáles debe contratar a otros.

Seleccione la música, tómese el tiempo de hacer una lista de lo que le gustaría que tocaran, ensaye con ellos y después decida. Se hace lo mismo con la música de la iglesia.

Empiece a pensar y visite modistos o diseñadores de vestidos de novia. Si no hace ejercicio regularmente (tres veces por semana) visite gimnasios y decídase por uno, pida que le hagan una evaluación y establezca su rutina para hacerla por lo menos tres veces a la semana.

SEIS A CUATRO MESES ANTES DE LA BODA

Haga la lista de sus invitados y solicite a su novio que le entregue la de él. Recuerde que usualmente él puede invitar el 40 o 30 por ciento del total de personas. Si tienen muchos compromisos, la mitad. Póngase de acuerdo con su pareja respecto al criterio que se va a seguir para establecer la lista de invitados, por ejemplo, si tienen una familia muy grande, escojan una pareja de cada una.

Seleccione el banquetero, el menú y los licores, después de haber probado.

Decida cuál va a ser el vestido y mándelo hacer o cómprelo. Sugiera a su novio que haga lo mismo y recuerde que su traje debe estar de acuerdo con el suyo.

Escoja los padrinos, los pajes y la corte de honor; decida los atuendos y arreglos y póngase de acuerdo con ellos para mandarlos a hacer.

Decidan qué automóvil van a usar, pruébenlo y resérvenlo.

Compren o manden hacer los anillos y no olviden marcarlos por dentro.

Encargue el ponqué definitivo después de haber probado varios; así dará tiempo suficiente para que se pueda remojar y el sabor sea delicioso.

Si es al aire libre, contrate carpas, tablado para bailar, si se necesita, y calentadores de gas, de acuerdo con el clima.

Póngase de acuerdo con su novio respecto de la luna de miel y haga las reservaciones del caso. Si deciden viajar al exterior, compruebe si tiene las visas que requieren. En Colombia, la cita para la visa de Estados Unidos puede tomar de seis meses a un año; la europea y la del Reino Unido, un mes. Para los países centroamericanos necesita entre una y dos semanas, así que es mejor empezar con tiempo.

CUATRO A DOS MESES ANTES DE LA BODA

Defina los arreglos florales de los dos eventos.

Contrate el fotógrafo y tenga presente que la fotografía digital le permite seleccionar las fotos antes de imprimirlas, retocarlas y además enviarlas por computador a sus amigos y familiares. Pero cerciórese de la calidad del equipo que se va a utilizar para prever las ampliaciones.

Decídase y contrate la decoración para la celebración.

Mande hacer el cojín para las argollas.

Revise el estado de su casa y haga las reparaciones necesarias; recuerde, todo debe estar perfecto para la entrega de los regalos.

Planee la noche de entrega de regalos para dos o tres días antes del matrimonio. Si desea puede incluir esta fecha en la invitación.

Comience a comprar lo necesario para su nuevo hogar en compañía de su novio.

Arme el ajuar o *trousseau* para su luna de miel y la primera época de casada.

Supervise lo que es responsabilidad del novio y ofrézcale su ayuda en caso necesario.

Haga la lista de los invitados con las direcciones y confirme que estén correctas; pídale lo mismo a la familia del novio.

Haga una cita con la tipografía, decida y mande imprimir las invitaciones, participaciones y, de una vez, las tarjetas de agradecimiento. Para estas últimas, si es el caso, puede pedir contribución al novio. Conviene imprimir 10 por ciento más, por si se cometen errores o hay cambios de última hora.

Vaya al médico, hágase un chequeo completo que incluya exámenes de sangre, VIH, nivel de azúcar, colesterol, etc., y dígale a su novio que espera que él haga lo mismo. Luego, tenga la delicadeza de mostrarle los resultados.

Aliste los papeles necesarios para poder casarse en Colombia.

Examínese la piel. Si ve manchas o verrugas, pida una cita a un dermatólogo, especialista que le recuperará la piel y se la dejará en perfecto estado para la boda.

Haga citas con el odontólogo y el periodoncista; si es preciso, proceda con el blanqueamiento de los dientes. Tenga presente que para esto se requiere ayuda profesional y nunca se debe emplear láser, ni permitir que le limen los dientes.

DOS MESES ANTES DE LA BODA

Haga las últimas pruebas del vestido y consiga los accesorios que le hagan falta.

Mande marcar los sobres a mano y alístelos para la repartición y envío.

Contrate el automóvil que dejaron reservado.

Decidan dónde van a vivir y aseguren el lugar que les gusta.

Seleccione los almacenes donde va a hacer lista de regalos, póngase de acuerdo con su pareja y visítenlos para escogerlos.

Piense qué peinado y maquillaje desea, comience a ensayar y decida.

Si va a dar recordatorios, selecciónelos y mándelos hacer.

EL MES ANTERIOR A LA BODA

Reparta las invitaciones o encárguese de que así se haga. Si no le confirman, hágalo usted y una vez terminado este trabajo, comunique el número exacto a los encargados del menú y la adecuación.

Reúnase con los músicos y deles la lista y el orden de las canciones y el tipo de música que desea a lo largo de toda la recepción, especificando cuándo y en qué momento la desea.

Establezca el protocolo a seguir durante la ceremonia y la fiesta, con la persona escogida.

Confirme las fechas de entrega de lo que haya encargado: flores, recordatorios, comida para la noche de los regalos, licores.

Compruebe la hora exacta con el maquillador y el peinador, tenga presenta que deben estar con usted cuatro horas antes y permanecer hasta que terminen las fotos. Comience a ensayar peinados y maquillaje, por lo menos tres veces, hasta que quede encantada con el resultado. Recuerde que esto debe hacerlo después de consultar con el diseñador del vestido, en especial lo que se refiere al estilo del peinado.

Haga la cita para la limpieza de la piel y el baño de luna.

No olvide hacer las citas para hacerse la manicura, la pedicura y la cera o depilación, un día antes.

Si está muy pálida y no ha podido asolearse, es el momento para empezar a broncearse el cuerpo con una cámara de sol. Lo ideal es asistir a diez sesiones, que comienzan con diez minutos y terminan con veinte. No se le ocurra poner la cara, sólo el cuerpo;

así el blanco le lucirá mejor y se verá saludable en las despedidas y la luna de miel.

Escoja a las dos personas que le van a ayudar a vestirse y póngase de acuerdo en la hora y lo que necesita. Deben comenzar dos horas antes, para tener suficiente tiempo de tomarse unas fotos antes de salir de la casa.

Recoja su vestido junto con los accesorios y no olvide hacer una última prueba; si los zapatos son nuevos, póngaselos y amánselos.

Compruebe que ya hayan entregado los vestidos de los pajes y la corte de honor.

Cerciórese de que el novio tenga su atuendo listo.

Haga una lista de la ropa que va a empacar para la primera noche y para el viaje de bodas, comience a prepararla, recuerde que todo debe estar impecable, no necesariamente nuevo. No olvide llevar una bolsa de tela grande para empacar el vestido de novia.

UNA SEMANA ANTES DE LA BODA

Invite a su novio a cenar, planee una velada romántica para los dos.

Compruebe que él ha recibido los tiquetes y confirmaciones del lugar de la luna de miel.

Si es el caso, revise su pasaporte, verifique que tenga las visas al día y aliste los documentos necesarios de viaje.

Prepare el dinero que va a necesitar para sus gastos de viaje.

Empaque las maletas, una pequeña para la primera noche y la otra para la luna de miel.

Al comienzo de la semana, hágase la limpieza de piel con hidratación.

Dos días antes, consiéntase con el baño de luna, que consiste en una sesión de exfoliación del cuerpo, seguida de una hidroterapia y un masaje relajante.

Reúnase con sus papás, los padrinos, los papás de los pajes y la corte, para confirmar el protocolo a seguir durante la celebración religiosa y la recepción.

El día escogido para revisar todos los detalles puede ser el mismo día de los regalos, una hora antes, o sea alrededor de las 6 p. m. Aliste los recordatorios.

Consiga un cuaderno con páginas rayadas, hágale columnas, para anotar cada regalo con su descripción, el nombre de quien lo envió, el almacén, y otra columna en la que aparezca "tarjeta de agradecimiento". Escoja la persona a cargo de esta labor, dele las instrucciones del caso, y confirme que escriba de una vez los regalos que ya hayan llegado.

Si le va a dar un regalo a su novio, como puede ser un reloj o unas mancornas, cómprelas y déjelas listas para entregárselas el día de la boda, cuando se hayan retirado a descansar. No olvide guardarlas en la maleta.

Cuando no se encuentre en su casa y tenga que vestirse en el hotel o club donde se va a realizar la recepción, compruebe que está listo el lugar para su arreglo y también para tomarse las fotos antes de salir.

El día antes es el ideal para hacerse la depilación, manicura y pedicura.

EL DÍA DE LA BODA

Desayúnese con frutas, jugo; en fin con comidas estilo dieta balanceada.

Haga una rutina de ejercicios; el yoga la puede preparar con gran energía y positivismo para la ocasión.

Lávese el pelo, hágase una mascarilla y déjesela media hora.

Vístase con algo cómodo, que no sea una sudadera; una novia debe estar especialmente bella desde el comienzo del día de su boda.

Revise si tiene todo lo necesario para vestirse: el traje, el velo, las medias, la ropa interior, la liga, los zapatos y las joyas que va a lucir. Recuerde ante todo la discreción: unos aretes de perla o diamante y un collar compañero. El anillo debe ir en la caja original o encima de un pequeño cojín, junto con las argollas.

Disponga quién será la persona encargada de llevarlo y entregárselo al paje.

Ubique el lugar dónde quiere que la maquillen y la peinen, también dónde se va a vestir; ubique un espejo enfrente.

Piense dónde desea que le tomen las fotos; tenga en cuenta la luz, la altura de los techos y si hay espacio suficiente para usted con el vestido de novia y las personas de la familia que van a salir en las fotos.

DOS HORAS ANTES DE LA BODA

Reúnase con las personas que la van a ayudar a vestir. Antes de ponerse el vestido, no olvide cubrirse el maquillaje y el peinado completamente con una pañoleta, para no mancharlo.

El peinador y el maquillador deben permanecer con usted hasta que le tomen las fotos; después de vestirse, pídales que la retoquen.

Reúnase con los pajes y la corte de honor en su casa o lugar donde se esté arreglando, para salir todos al mismo tiempo.

Cerciórese de que el automóvil se encuentre ya en su casa o lugar de salida.

Compruebe si sus papás están listos.

❧LUGARES DE LA CEREMONIA Y LA RECEPCIÓN☙

Hay dos sitios importantes que se deben escoger para una boda: el templo o juzgado y el lugar de la recepción. Es conveniente que la lista de lo que implica la ceremonia religiosa sea repartida entre las personas que toman parte en la organización de la boda, es decir, el asesor, los padres y la pareja.

☞ Lugar, fecha, hora y duración de la ceremonia. En un templo grande se debe especificar en qué altar.

☞ Nombre del oficiante. En caso de que sean dos oficiantes, se deben anotar ambos nombres y si es uno diferente al principal del templo, también. En estos casos se debe pedir autorización al que preside la parroquia. Dirección y teléfonos de los mismos.

☞ Nombres de la secretaria y el sacristán o quien haga este oficio.

☞ Número de personas que caben en el templo.

☞ Misa que se oficiará: cantada, con coros, tradicional, etc.

☞ Normas para la toma de fotografía o la filmación.

PROGRAMA MÚSICAL

Alejandro y Ana María

Programa musical

Marcha de la coronación, El profeta, G. Meyerbeer
Marcha nupcial, F. Mendelssohn
Kyrie, Misa de la coronación, W. A. Mozart
Gloria, W. A. Mozart
Aleluya, J. S. Bach
Sanctus, F. J. Haydn
Agnus Dei, G. Bizet
Ave María, C. Gounod
Cantata 147, J. S. Bach
Aire, J. S. Bach
Aleluya, Mesías, G. F. Haendel
Música del agua, G. F. Haendel
Marcha nupcial, L. R. Wagner
Coro profesional "Cantica"
Cuarteto instrumental de cuerdas
Trompeta y órgano
Director: José E. Leal Mora
Iglesia de la Inmaculada Concepción - Chicó
Veinticinco de septiembre de dos mil cuatro

☞ Música y ejecución: solista, coro, instrumental. Nombre, dirección y teléfono de la persona encargada. Es un bello detalle imprimir el programa musical y entregarlo a la entrada de la ceremonia.

☞ Flores: cuáles se van a colocar y en qué lugares está permitido ubicarlas. Si se decide regar pétalos de rosa o utilizarlos para reemplazar el arroz, conviene meterlos en canastillos para entregarlos a los que quieran, a la salida de la ceremonia.

☞ Averiguar si tienen una alfombra para colocarla desde la llegada hasta el altar, o si hay que conseguirla.

☞ Fijar la fecha para un ensayo y avisarle con tiempo a los interesados.

☞ Saber qué precios hay que pagar por cada cosa y cuándo se debe cancelar.

☞ Designar la hora en que deben llegar el novio con su mamá, los padrinos, los papás y la corte, y su lugar dentro de la iglesia. Las filas de adelante están reservadas para ellos. La mamá del novio entra acompañada por su hijo, hasta su lugar en la cabecera interior derecha de la primera banca, al lado de su esposo. El papá de la novia ocupa la misma posición pero en el lado izquierdo. Al llegar, ya la mamá se encuentra ubicada a su lado. Cuando los papás se han vuelto a casar, se distribuyen según cada caso: Si son buenos amigos, cada uno se coloca al lado del otro, a la manera tradicional, y sus nuevas parejas se sitúan en la segunda banca. Si no mantienen buenas relaciones, cada uno se hace con su actual pareja, la mamá con su nuevo esposo en la primera banca y el papá con su actual esposa en la segunda banca.

☞ Los padrinos se ubican a continuación de los papás.

☞ Los abuelos y niños de la familia también ocupan las filas en el mismo orden, los de la familia del novio a partir de la tercera banca del lado derecho y los de la familia de la novia al lado izquierdo.

☞ Usualmente los invitados del novio se sitúan a la derecha y los de la novia a la izquierda.

☞ Sitios de estacionamiento permitidos.

☞ Averiguar si es necesario disponer de oficiales de tránsito para guiar el desplazamiento de los invitados.

❧LA RECEPCIÓN❧

Los novios deben decidir cuál es el lugar indicado, según el tipo de fiesta que quieren tener y el número de posibles invitados. Para esto lo mejor es pensar en los sitios que conocen, en donde ya hayan estado y los que les recomienden sus amigos. No se puede tomar esta decisión sin haber ido a examinar el sitio personalmente y, obviamente, sin consultar con los papás.

Hay muchas opciones, desde ofrecer la recepción en la propia casa o en la de algún familiar, hasta alquilar un lugar especializado o un salón de un club, hotel o restaurante. Si los invitados no pasan de 30, puede ser en la casa y sin ayuda de un banquetero, pero si son más, es indispensable buscar apoyo e informarse con amigos que hayan utilizado sus servicios.

Una vez escogido el sitio, es importante tener en cuenta los siguientes puntos:

☞ Averigüe qué servicios incluye cada paquete especial para bodas, si se puede escoger lo que se requiere, si es posible contratar parcialmente y si hay un costo adicional cuando se contratan algunas cosas por fuera.

☞ Presupueste el precio del menú por persona, y averigüe la fecha límite para decir el número exacto de invitados. En este momento se debe decidir si se va a ofrecer un cóctel a la llegada y un consomé con pan al final.

☞ Pregunte el valor y marca de los licores y si hay opción de pagar sólo el descorche.

☞ Cuente el número de meseros por personas (lo ideal en servicio de lujo es uno y medio por cada diez comensales). Pregunte qué uniformes van a usar y si sirven con guantes o no; qué tipo de servicio utilizan y si siguen las reglas tradicionales, como servir por el lado izquierdo de la persona, recoger por el derecho y cuando todos los de la mesa hayan terminado, sin hacer torres de un plato encima del otro.

☞ Fíjese en el tipo de mesas y asientos, y en la cantidad. Las mejores mesas son las redondas de 12 puestos.

☞ Cuestione la decoración que ofrecen o la posibilidad de contratar por fuera.

☞ Pida fotos o videos de recepciones que hayan habido en el mismo lugar.

☞ Fije el costo por el tiempo de arriendo del salón y la posibilidad de extenderlo y a qué precio.

☞ Determine la comida para los músicos, fotógrafos y demás trabajadores, con opciones y precios.

☞ Pida disponibilidad de un lugar para tomar las fotos.

☞ Pegunte por el lugar donde se sitúan los músicos o la orquesta, y qué equipo de amplificación ofrecen.

☞ Ubique el vestier, los baños y sitios de parqueo y pregunte si hay vigilancia en ellos y si utilizan fichas para el vestier.

☞ Determine el tipo de cristal, vajilla, cubiertos, manteles y servilletas, forros para los asientos, y examínelos cuidadosamente teniendo en cuenta el color y la posibilidad de contratarlos con terceros.

☞ Considere las carpas y calentadores de gas, en caso necesario. Tarimas para que sirvan de piso, paredes de plástico que protejan las carpas en caso de lluvia.

☞ Indague si ofrecen opciones para controlar la cantidad de los licores, y la posibilidad de llevar una persona de confianza para este efecto.

☞ Pregunte si las propinas están incluidas en el precio del menú por persona.

☞ Indague sobre la sanción en caso de cancelación.

☞ Examine paso por paso lo que va a contratar y una vez hecho el acuerdo, no firme hasta no estar segura de que está satisfecha y entiende todo.

Una vez solucionadas estas inquietudes, proceda a elaborar una lista de chequeo que también tendrán el asesor, el jefe de eventos del lugar escogido, la mamá de la novia y ella misma. Otro punto que la novia debe aclarar es si las listas las hace ella o su mamá.

❧LAS INVITACIONES❧

La invitación a un matrimonio es considerada como la más importante que se puede recibir en la escala social y es al mismo tiempo la encargada de dar la primera impresión de lo que será la ocasión.

Muchas cosas se deben contemplar al llegar al tema de las invitaciones, lo primero es decidir quién las va a imprimir y para esto conviene haber guardado algunas de muestra. También se puede preguntar a los que se hayan casado o a expertos en el tema. De una forma u otra, una vez decidida la tipografía lo que se debe resolver es:

☞ El papel, su grosor y color.

☞ Si se van a usar uno o dos sobres. Tradicionalmente eran dos, hoy en día son indispensables en el caso de que haya que incluir una tarjeta diferente para la recepción, un mapa para la ubicación, una tarjeta de contestación o una tarjeta de los almacenes donde se hizo la lista de regalos. Es un atrevimiento de muy mal gusto adjuntar un sobre para que el regalo sea en dinero.

☞ El tamaño y la forma de la invitación.

☞ El tipo de letra y el texto.

☞ Si se va a incluir papel de seda y si el sobre va forrado.

☞ Cómo se va a sellar el sobre, ya que puede dejarse abierto, con un lacre que tenga las iniciales de la pareja o con sellos transparentes, dorados o plateados.

En general, las invitaciones para una boda siguen las costumbres tradicionales, según las cuales el papel pesa 40 gramos y el color puede ser blanco, crema o marfil.

El tamaño clásico es rectangular y mide 19 centímetros de largo, por 14 centímetros de ancho. El sobre mide 19,5 centímetros por 14,6 centímetros.

También son muy elegantes, y usadas en algunos países europeos, las invitaciones más grandes y rectangulares, que miden 21 centímetros de largo, por 16,5 centímetros de ancho, acompañadas por sobres de 22,5 centímetros de largo, por 17,5 centímetros de ancho.

Tienen la comodidad de que también sirven para poner dentro las otras tarjetas de invitación de tamaño más pequeño: 17 centímetros de largo, por 11 centímetros de ancho, cuando se trata de un matrimonio muy importante y por la misma razón van a celebrarse varios eventos previos o posteriores para agasajar a numerosos invitados que llegan de diferentes países.

La letra clásica se llama estilo Belgrave o cursiva y puede ser en plancha de alto relieve o repujada, en termografía o en litografía, que es relieve plano y es la más económica.

La impresión en alto relieve es muy fácil de reconocer porque se siente al tacto, las letras se ven transparentes por el revés del papel y aparece el nombre del impresor en el borde inferior de la abertura del sobre.

La invitación tiene dos caras, está doblada y el texto está escrito en la primera cara.

La invitación se guarda en el sobre, de manera que al abrirlo se vea inmediatamente, o sea de frente a la abertura.

Las tarjetas más pequeñas se colocan encima de la principal, también de frente. El sobre se escribe a mano, en tinta negra, y la dirección para la respuesta, en el reverso del sobre.

Si la recepción es en un lugar diferente a la ceremonia, se incluye siempre una tarjeta más pequeña con la dirección.

La tarjeta de respuesta va en un sobre de su tamaño, algunas veces con estampilla. Se incluye también otra tarjeta del mismo tamaño, en la que se solicita respuesta para una fecha determinada y abajo aparece un número de fax y una dirección de correo electrónico.

Cuando la pareja decide no seguir lo acostumbrado, la imaginación es inagotable y todo está permitido. Se pueden escoger papeles de gramajes y colores de todo tipo, letras diferentes, cintas para sellar el sobre, iniciales grabadas, tamaños distintos. Lo que no está permitido es escribir los sobres en computador, porque esto demuestra falta de interés en este paso tan importante que se va a dar.

GUÍAS PARA ESCRIBIR LAS INVITACIONES

Los nombres que se escriben primero son los de las personas que hacen la invitación, pueden ser los papás de la novia y la mamá del novio, si el papá falleció:

Alan y Camille Peres
Tania Sterling de Kopec
Tienen el gusto de invitarles al
Matrimonio de sus hijos Sara y Leo
El sábado once de marzo de dos mil cuatro a las ocho y
treinta de la noche.
Sinagoga Maguen Ovadia
Recepción a continuación
Carmel Club Campestre
Carrera 3 N.o 95-20, piso 2
Fax: (571) 314-1822
Bogotá, Colombia
Corbata negra

Si los papás se han divorciado, cada uno aparece con su nombre, la mamá con el de soltera:

Andrés Sáenz Suárez
María Teresa Castillo Leyva
Se complacen en invitar a usted al matrimonio de sus hijos
Consuelo y Antonio.
Ceremonia religiosa que se celebrará el día sábado veinte de octubre del año dos mil
cuatro a las dos y treinta de la tarde en
St. Agnes Catholic Church, Key Biscayne, Florida,
y luego a la recepción que ofrecerán en
7755 Coconut Drive, Key Biscayne.
R.S.V.P. antes del 30 de septiembre
1110 Brickell Bay Drive Apt. 301, Miami, Florida, 33162
Teléfono : 305-3610032
Calle 114 No. 18-16, apt. 401, Bogotá, Colombia
Teléfono : 571-3102011

Si es el segundo matrimonio para los contrayentes, los mismos novios son los que invitan:

Rodrigo Acevedo Quijano
Luisa Burgos Zapatero
Se complacen en invitarle a la cena,
que con motivo de la celebración de su boda,
se llevará a cabo el día siete de julio a las
veinte horas, en el Palazzo Pisan Moretta,
S. Polo 2766 Venecia.
Traje oscuro, vestido largo
Av. Hernando de Alba 75 Calle Periodista Pérez 2-C
Loma de Santa fe Sevilla, 41012
01219 México, D. F. España
Venecia, dos mil cuatro

En caso de una boda pequeña, de cincuenta invitados, las invitaciones se pueden escribir a mano. La fecha y la hora se escriben en letras, la dirección en números.

Si la mamá ha cambiado de nombre, se escribe su nuevo nombre, y el nombre y apellido de la novia.

Cuando uno de los dos padres ha fallecido, de todas maneras se escribe su nombre y debajo, entre paréntesis: (In Memoriam).

Si los padres están divorciados, simplemente se escribe el nombre de soltera de la mamá, siempre y cuando ella no lo haya cambiado por haberse casado nuevamente.

En caso de que ambos padres se hayan vuelto a casar, se escriben los nombres de sus nuevas parejas, cuando las relaciones son armónicas.

Si los papás no se hablan y la madre ha educado sola a su hijo o hija, la invitación va en una tarjeta de una sola cara, adentro de la participación:

> Claudia Gnecco Mayorga
> tiene el gusto de invitarle
> a la ceremonia religiosa y a la
> recepción que ofrecerá en el
> Country Club.
> R.S.V.P.
> Bogotá 6105510 - 2966729 C
> Corbata negra
> Cali 843 5106
> Bogotá, septiembre de dos mil cuatro

En caso de que los abuelos, un tío o padrino sean los que ofrecen la recepción, su nombre aparece de la misma forma en la invitación a la recepción. En este caso, los papás o la mamá invitan sólo a la ceremonia y también presiden la tarjeta de participación. Cuando los novios pagan la celebración, ellos invitan.

Al estar divorciados o separados los papás y en malos términos, ambos deben encabezar la invitación, sin que se tenga en cuenta quién paga la fiesta; en este caso el nombre de la mamá encabeza la invitación y ésta es la única prerrogativa que se le da.

Cuando tanto los padres de la novia como los del novio pagan la recepción, las dos parejas encabezan la invitación.

Los títulos honoríficos se escriben en la invitación.

Hoy día no se usa poner: "viuda de". La mamá conserva su nombre de casada, si no estaba divorciada o separada del papá. En este caso recobra su nombre de soltera y se escribe el nombre de la hija con ambos apellidos, en las tarjetas de la boda.

En las bodas en que los invitados se tienen que desplazar a otra ciudad, se incluye una tarjeta hecha en el mismo material o más ligero que la invitación, con los nombres de los hoteles o sitios de hospedaje y sus teléfonos. Si hay una fecha límite para las reservaciones en estos mismos sitios, se escribe al final.

LAS PARTICIPACIONES

Usualmente son del mismo tamaño de las invitaciones, de una cara o dobles, pero también se hacen más pequeñas para no confundirlas con éstas. Miden 11,5 centímetros de ancho por 16 centímetros de largo, y la escritura es igual que en las invitaciones, lo que varía es que dice "participan" y se transcribe lo que se refiere a la ceremonia religiosa.

GUÍAS PARA ESCRIBIR LOS SOBRES

Al ordenar las invitaciones puede pedir que entreguen los sobres primero, para comenzar a escribirlos, ya que éste es un trabajo largo y dispendioso que toma su tiempo.

Cuando se escriben los nombres de una pareja de casados no se pueden usar abreviaturas y si la señora conserva su nombre de soltera, se escribe uno debajo del otro por orden alfabético.

PARTICIPACIÓN DE UNA SOLA PÁGINA

Ernesto Gómez Echandía
Marta Pérez de Gómez

y

Alejandro Ruiz Martínez
María Eugenia Jácome Rodríguez
Participan el matrimonio de sus hijos
Victoria Lucía y Gustavo.
Ceremonia que se celebrará
el día sábado veinticinco de marzo de dos mil cuatro
a las cuatro de la tarde.
Carrera 13 No. 62-36, Bogotá
Calle 21 norte No. 3-23, Cali

PARTICIPACIÓN DE DOBLE PÁGINA

Juan Esteban González Herrán
y su señora (In Memoriam)
Isabel Pardo de Carreño

participan el matrimonio de su hijo
Juan Esteban
con la señorita doña
Catalina Castro Rozo
ceremonia religiosa que se celebrará
el día ocho de abril
a las cinco de la tarde en la
Iglesia de San Toribio
Cartagena de Indias.
Calle 206 No. 11-24
Bogotá, dos mil

Alfonso Castro Villamizar
Elena Rozo de Castro

participan el matrimonio de su hija
Catalina
con el señor don
Juan Esteban González
ceremonia religiosa que se celebrará
el día ocho de abril
a las cinco a las cinco de la tarde en
la Iglesia de San Toribio
Cartagena de Indias.
Calle 206 No. 11-24
Bogotá, dos mil

Dos personas que conviven sin ser casadas pueden recibir la invitación de la misma manera anteriormente escrita.

Una madre soltera, se llama: "Señora", no señorita.

Si se quieren invitar papás con hijos menores de trece años, sus nombres, sin apellido, se escriben en el mismo sobre. Al cumplir trece años se tiene derecho a recibir su propia invitación.

Nunca se escribe "y familia", es genérico y demuestra falta de interés.

Los nombres deben escribirse sin errores ni faltas de ortografía, para esto se puede consultar el directorio telefónico o llamar a averiguar antes de hacerlo.

En caso de querer invitar a una mujer con un cargo importante junto con su marido, se escribe el nombre de la pareja y no el de su cargo.

Para proteger las invitaciones, hoy en día se usa empacarlas en sobres de papel transparente o plástico, cerrados con un sello dorado o plateado, sobre los cuáles se pega la dirección.

❦LLUVIAS DE REGALOS O *SHOWERS*❦

Son reuniones organizadas a fin de contribuir a aprovisionar a la futura pareja de todos los elementos necesarios para su nuevo hogar. En la única ocasión que no se ofrecen es cuando se trata de segundos o terceros matrimonios. También se les considera en algunos países la despedida de soltera. Asisten amigas, familiares y compañeras de trabajo, de estudio o de actividades varias.

Son reuniones que se ofrecen voluntariamente y, de igual forma, deben asistir las invitadas. Se considera que son sólo femeninas; los hombres también tienen la despedida de soltero del novio.

Es indispensable invitar a la mamá de la novia, su mejor amiga, en algunos casos a la suegra y a las hermanas; ellas no tienen que llevar regalo, dado que son las más convidadas, pero la mamá generalmente sí lleva un buen regalo.

Las demás mujeres de la familia, como pueden ser las abuelas y las tías, se invitan cuando lo pide la novia. Estas mismas familiares tampoco deben invitar a *showers*; la excepción es cuando la novia es extranjera, no conoce a nadie más que a los familiares y se va a instalar en la ciudad del novio. La lluvia de regalos, se convierte además en una oportunidad para conocer y que la conozcan, y se planea a partir del momento que llegan las invitaciones o sea con un mes o mes y medio de anticipación.

Antes de consultar con la novia, piense qué tipo de invitación le gustaría hacer, qué espacio tiene para sentar cómodamente a todas las invitadas, de qué equipo dispone y cuánto quiere invertir. La novia debe ser clara y explícita al sugerir la cantidad de invitados y el tema del *shower*.

Solicite a la novia una lista, ella es la única que sabe a quien quiere invitar y seguramente escogerá a las amigas que no han asistido a otros *showers*. Si no le gusta alguien, dígaselo, al fin de cuentas es su invitación y en su casa. También pónganse de acuerdo para escoger el tema. Tenga en cuenta que los de sobres o dólares son de muy mal gusto. Si la novia insiste, sugiérale que lo hagan de implementos para la luna de miel, y así, la que quiera le llevará dinero.

Escoja el día y la hora; lo mejor es entre semana, pero si muchas trabajan hasta tarde prefiera un sábado. Según el número de invitadas puede ser un almuerzo o un té.

Pregúntele a la novia si prefiere que cada una le lleve un regalo o más bien que ella escoja lo que necesite y usted pide una cuota. Lo peligroso es que puede que algunas no paguen ese día y después usted termina teniéndoles que cobrar o pagando por ellas.

Las invitaciones se hacen por teléfono o si lo prefiere puede hacer sus propias invitaciones y repartirlas con diez días de anticipación. No olvide advertir que los regalos no son como los de matrimonio, sino más sencillos.

Al planear la comida piense en algo que le permita sentarse y compartir la mayor parte del tiempo con las convidadas, un menú que pueda dejar listo y sólo tenga que calentar para servir.

Lo mejor es algo de sal, como una *crêpe* o una *quiche lorraine*, acompañada con ensalada fresca y luego un postre, como una *mousse* de chocolate o un *sherbet* de mandarina servido en la misma cáscara. Si es a la hora de almuerzo, puede escoger un solo tema de menú, por ejemplo preparar cinco ensaladas diferentes y pasta. Se trata de ser original y darle rienda suelta a la imaginación, para que su invitación sea siempre recordada y disfrutada también por usted.

Calcule siempre dos personas más; en estas ocasiones es usual que a último momento alguien llame a pedir que si puede ir acompañada.

Una buena idea es ofrecer un cóctel como aperitivo, que puede ser un *Kir*, o un *Kir Royal*. Con toda seguridad nadie lo rechazará y le servirá para ponerle un toque diferente a su invitación.

Tenga lista la música, de acuerdo con la ocasión y ojalá del gusto de la novia.

Para colocar los regalos, tenga listo un canasto grande. Al abrirlos, usted debe ayudar a la novia y sentarse a su lado. Un gran detalle de parte suya es que los vaya anotando y después le mande la lista lo más bonita que pueda.

El momento ideal para abrir los regalos es cuando ya hayan llegado todas las invitadas y antes de comer.

Si el novio llega al final, con previo consentimiento de la novia, solamente mira los regalos, da las gracias y se despide llevándose a su pareja.

En la colonia judía son muy prácticos y no hacen sino un *shower*, en el cual las hermanas de la novia invitan a un gran almuerzo o a la hora del té, a casi todas las invitadas a la boda. Envían una invitación timbrada o escrita a mano. La novia hace una lista de implementos menores que necesite, como puede ser una licuadora, un juego de ollas o refractarias y se hace lo que comúnmente se llama una "vaca", o grupo que aporta una determinada contribución voluntaria para comprarlos. Usualmente se ofrece en un club.

EL TRAJE DE NOVIA

Todas las mujeres nos hemos soñado vestidas de novia alguna vez en la vida; ésta es una ocasión única, pues sólo lo podemos lucir unas horas y una sola vez. Siempre se ha definido este traje como el más bello que una mujer puede lucir, por lo tanto es importante que el vestido que use cumpla a cabalidad con sus expectativas.

Los puntos que es bueno contemplar antes de dar el primer paso, son los que se refieren a lo que debe ser un vestido que haga ver a cada mujer lo mejor que puede ser.

El vestido debe parecer hecho exclusivamente para quien lo lleva; tiene que verse como un guante, una segunda piel, resaltando las cualidades y disimulando los defectos.

El color debe ser del mismo tono de la piel, el pelo y los ojos, o por lo menos de dos partes; así, si tiene piel trigueña con tono amarillo (ver teoría del color), piel que se dora, se broncea sin quemarse ni oscurecerse, no debe usar blanco sino crema o marfil.

Es importante que el vestido vaya de acuerdo con el temperamento de la novia : romántica, moderna, clásica, deportiva, conservadora, tradicional...

La novia debe escoger el mejor diseñador que conozca en vestidos de novia, que haya hecho los que a ella más le hayan gustado, una persona idónea con la cual se pueda identificar y a la que admire en su trabajo.

El material indicado es el que se ajuste a la figura y a la circunstancia. Se debe tener en cuenta la altura, el peso, la contextura física o tipos de huesos; si la figura es proporcionada o no y las medidas. Conviene llegar donde el diseñador con un autoanálisis actualizado. Nadie sabe más de uno mismo, que uno mismo. Al llegar con estos datos claros, la decisión es fácil y el resultado será el esperado.

Después, el proceso es el siguiente:

- Seis meses antes del matrimonio, hacer una lista de los diseñadores, pedirles cita, llevar las mismas preguntas listas para hacérselas a todos, apuntar las respuestas a la salida y comparar, antes de decidir.

- Piense que si se trata de un profesional, es importante que tenga un buen corte que lo sepa ajustar a la figura, además que sea pulido, o sea que los terminados sean perfectos, y que sepa darle a los diseños la característica de comodidad, sin detrimento de la elegancia. El vestido tiene que permitirle caminar, sentarse y bailar. No puede sentirse pesado ni verse exagerado; de ninguna manera muy escotado, pues se supone que una novia debe lucir virginal, no sexy. Tampoco puede ser tan recargado que el vestido opaque a la persona, porque no se trata de un desfile de modas sino de una boda.

- Solamente se usa velo si la ceremonia es religiosa. De día se lleva corto y largo de noche. Para bailar se debe poder quitar, sin que se dañe el diseño del traje.

- Al escoger la tela tenga en cuenta su figura y la hora de la boda. Las telas pesadas aumentan el volumen; las brillantes o bordadas son para la noche. Los materiales que se pueden escoger son:

  Chiffón: por su calidad liviana y su transparencia es ideal para el día y en especial para los ambientes campestres o de climas medios a cálidos. Al combinarlo con otros materiales, como encaje en la parte superior y en las mangas, puede usarse en clima frío por la noche. Es un material que se escoge para bordarlo con canutillos, perlas o pegarle flores en altorrelieve.

Conviene cuando la novia tiene buen cuerpo porque se ciñe, moldeando la figura. Se presta para hacer arandelas y darle un toque romántico a la novia, y se usa mucho en vestidos estilo imperio o corte *évasé*.

Crepé: es el material con más posibilidades, sirve para el día o la noche y para cualquier clima, dado que se consigue desde liviano hasta de lana. Tiene buena caída y una excelente textura que lo hacen ideal para la confección de una prenda tan delicada. Luce estupendamente con aplicaciones de *chiffón*. Sirve para vestidos románticos, victorianos o modernos.

Falla: material grueso, un poco pesado, que se usa para vestidos de corte imperio o en A, siempre en clima frío. Falla opaca para el día y brillante para la noche. Le queda bien a personas altas y delgadas.

Guipur: encaje muy fino y costoso, que se usa en clima cálido por la noche. Permite bordarlo encima. Exige un trabajo muy elaborado y dispendioso para que el efecto del vestido sea lujoso. Se usa para combinarlo con otros materiales, como el *chiffón*, la organza y el *shantung*. Como es transparente, es muy exigente, porque revela el cuerpo y sus formas. Ideal para vestidos modernos, de corte sencillo.

Moiré: material fino y costoso que tiene efectos que varían entre opaco y mate. Su textura ondulada sirve para cortes sueltos en A o estilo imperio, en climas fríos y para el día. Conviene a personas con buen cuerpo, altas y delgadas.

Organza: muy transparente, parece almidonada y conserva su forma. Perfecta para novias de cintura pequeña, que quieran un modelo entallado que marque mucho la cintura y luego se abra. Sirve para poner una capa encima de la otra y hacer una falda estilo bailarina o vestidos con silueta tulipán. Se presta para hacerle muchos cortes, bordarla, plisarla o también para un traje de corte sencillo, ceñido al cuerpo. Combina con tafetán de seda. Conviene a mujeres altas porque recorta la figura, dado que es vaporosa y al mismo tiempo transparente. Ideal para vestidos de noche en clima frío.

Peau de soie: como su nombre lo indica tiene una apariencia suave, gran caída y brillo. Por esto mismo es un material muy exigente para la persona que confecciona y para la novia que lo luce. Se usa para vestidos de tierra fría y durante el día, en diseños en A, o también para combinarlo. Conviene para vestidos clásicos o para los que se remontan a la época victoriana, de estilo romántico y femenino; también para los que quieren destacar un buen corte. Se luce con aplicaciones, como flores de seda, y en cortes que hagan contraste, por ejemplo, una parte lisa, como la falda de vuelo, con un *top* de organza bordado.

Piqué: tela de algodón, que como tal tiene un tejido tupido. Existe en diferentes texturas y grosores y es uno de los materiales más apetecidos para vestidos de día, en clima cálido. Igualmente se puede llevar en ambientes templados o fríos. Por su calidad es la tela preferida para vestidos de corte romántico.

Satín: uno de los materiales más usados para vestidos de novia y de gala, en general, porque tiene buena caída, además de ser brillante y pesado. Es muy fácil para trabajarlo y ayuda a que el diseño luzca. Se lleva en ambientes fríos y de noche, por su brillo. Como es de una textura intermedia, es ideal para vestidos de estilo vanguardista o moderno, trajes de talle imperio o de corte en A, y en combinaciones con encaje.

Seda: hay infinidad de variedades de este material y tiene múltiples usos. Suave, delicada y de gran fluidez, se ciñe al cuerpo; por eso la novia que la escoja debe poseer estas mismas cualidades: feminidad, suavidad y delicadeza.

Se debe manipular con sumo cuidado pues se mancha fácilmente. Elegante, exigente y muy fina, revela las formas del cuerpo y las de la ropa interior, así que conviene a mujeres con muy buen cuerpo, altas o bajas, y en cualquier clima. Si es una seda de las más brillantes, se lleva para la noche; las más opacas, de día. Luce estupendamente bien en vestidos con muchos cortes y diseños originales, tipo *strapless* o cuando se combina con tul bordado o liso. También se usa en vestidos con falda *évasé*, de mucho volumen abajo y talladas en la cintura.

Shantung: de textura pesada, con caída y brillo, puede usarse en climas fríos a cualquier hora. Conviene a mujeres que quieran disimular ciertas imperfecciones de su cuerpo, porque da estructura.

Tafetán: seda gruesa, con mucho cuerpo, que da volumen. Conviene a mujeres muy delgadas, en climas fríos, de noche o de día. Se usa para diseños rectos, en A, o estilo imperio y combina muy bien con el encaje.

Tul: su absoluta transparencia se presta para ponerle encaje encima o combinarlo con casi todos los materiales de novia, especialmente con crepé y tafetán.

- La novia que quiere verse femenina debe usar materiales estilo muselina. Los velos siempre dan un aire de romanticismo.
- Antes de decidirse a mostrar ciertas partes del cuerpo, la novia debe autoanalizarse: si no tiene brazos firmes y bien torneados es mejor que no los muestre; las mangas cortas no siempre son apropiadas. Los brazos gruesos se ven mejor con mangas largas o hasta el codo porque estilizan.
- Los escotes no pueden ser reveladores sino sutiles. Los de adelante nunca muestran la unión del busto y los de la espalda pueden bajar máximo hasta donde comienza el lumbar o sea la espalda media.
- Si el vestido tiene partes transparentes, se deben manejar con sutileza, nunca dejando ver ni las piernas ni el busto.

- Los vestidos estilo *strapless* son para mujeres delgadas, con pectorales de talla pequeña y espalda firme.

- Si la novia no tiene casi busto, puede usar un vestido de cuello alto con un brasier tipo "alter" o incorporarle copas al vestido, de forma proporcional al cuerpo, que además de hacerla ver armoniosa, no incomodan.

- En caso de no tener demarcada la cintura, un corte en A es el indicado; además se puede disimular este problema poniéndole al vestido por dentro un cinturón que la entalle, cuidando de que no se le marquen protuberancias.

- Si el estómago es protuberante, el estilo imperio es el indicado.

- Si las caderas son muy anchas, se escogen materiales livianos que caigan y se disimula la figura atrayendo la atención hacia el borde cerca al dobladillo o a la altura del busto. La cintura no puede ser demarcada.

- Antes de la decisión final, recuerde que el vestido va acompañado del peinado, velo, ramo, zapatos, maquillaje, joyas, medias, ropa interior y liga. Todo el atuendo debe ser un solo conjunto armónico y nada puede llamar poderosamente la atención, sólo la novia.

- Las pruebas del vestido se hacen con el mismo brasier que se va a usar el día de la boda, para poder hormarlo como va a quedar. También se debe usar siempre la enagua, para asegurarse de que queda bien y no incomoda.

- Es importante hacerse muchas pruebas y no olvidar una última la semana antes de la boda, por si acaso las medidas han cambiado.

- Ensaye la manera de llevar el ramo en la última prueba, con la guía de su diseñador.

- Asegúrese de recibir el vestido cinco días antes del matrimonio, cuélguelo en un lugar seguro, con suficiente espacio y guárdelo junto con los accesorios que vaya a usar. No permita que el novio lo vea, porque se considera de mala suerte.

☞ Al decidir las joyas que va a usar, recuerde que también llevará argolla. Unos aretes de perla para el día o diamante para la noche, son los indicados. Si el vestido es escotado y sencillo puede colgarse un collar compañero. En caso de decidirse por las perlas, mejor que no sea supersticiosa, porque según el agüero traen lágrimas, desdichas y dolor.

☞ Antes de vestirse, asegúrese que tiene seca la crema hidratante en el cuerpo, para que no se le manche el vestido.

☞ Aplíquese el perfume antes de vestirse.

☞ Póngase la ropa interior y de una vez la liga.

☞ Cerciórese de que el piso esté limpio y diga que extiendan una sábana encima antes de vestirse. Ubíquese frente a un espejo.

☞ No comience a vestirse hasta que no estén las dos personas que le van a ayudar a hacerlo.

☞ Recuerde cubrirse completamente la cara y el pelo con una pañoleta antes de ponerse el vestido.

☞ Proceda a colocarse las joyas.

☞ Pida que le retoquen el peinado y el maquillaje una vez tenga el traje puesto.

☞ Si el vestido tiene velo, espérese para ponérselo antes de entrar a la iglesia; lo tendrá que conservar sobre la cara durante la bendición de las argollas, hasta que el novio se lo levante, nunca antes porque esto acarrea celos y problemas en la relación, según dice la tradición.

☞ Para las fotos, coja el ramo. No lo va a llevar mucho tiempo, solo hasta que llegue a la recepción y la saluden.

CONSERVE SU VESTIDO DE NOVIA

Después de haber invertido tanto tiempo, pensamiento y capital en el traje de boda, bien vale la pena conservarlo. Hay vestidos que pasan de generación en generación y se convirten en joyas de familia.

En las retrospectivas de diseñadores importantes siempre se exhiben vestidos de novia que pueden tener hasta 50 años. Por esto hay que tratar este traje con mucho cuidado. Si al llevarlo se mancha y es perfectamente blanco, lo mejor es presionarlo con un trapo húmedo sin restregarlo para evitar que se pueda decolorar.

Para asegurar su durabilidad, lo que se debe hacer es empacarlo bien desde la primera noche. Para este efecto, las lavanderías venden unas bolsas especiales. También se puede envolver en una de tela blanca; el plástico es peligroso porque suda y produce hongos y manchas amarillas imborrables. Tan pronto se pueda, mándelo lavar; nunca lo guarde sucio porque las manchas se fijan y más tarde es imposible quitarlas. Las manchas que usualmente se acumulan en un vestido de novia, como maquillaje, pasto, barro de pisadas, cera, comida o vino, se quitan si el vestido es llevado a manos de un profesional en el tema. Si el vestido tiene apliques, adornos, piedras o lentejuelas, es necesario que antes de lavarlo se remuevan y no se vuelvan a pegar, sino que se guarden aparte, para poder adjuntarlas el día que se vaya a usar nuevamente.

Según la tradición, el vestido se guardaba envuelto en papel azul de seda, dentro de una caja; hoy en día se ha descubierto que esto no se debe hacer, porque con el tiempo el papel destiñe a causa de múltiples factores, como cambios de temperatura, humedad, falta de ventilación, etc.

Lo ideal es guardarlo en una caja hermética, y colocarla en un sitio, lejos de la humedad y lejos de la luz, para que no se amarille.

COMPLEMENTOS DEL TRAJE DE NOVIA

La ropa interior: si la novia quiere estar cómoda, preparada y no sufrir percances, debe escoger detenidamente su ropa interior, es decir, sostén, calzones y medias. Desde un comienzo, la novia debe tener presente que el papel de la ropa interior es no exteriorizarse, ni dejarse notar por su diseño, textura o color, sobre todo en tan importante ocasión. Así como la novia debe usar siempre el mismo sostén para probarse el vestido, debe decidir de acuerdo con el diseñador si llevará calzones o no.

Las medias: hoy en día se consiguen medias pantalón, que comienzan con una especie de pantalón interior, a fin de no tener que usarlo cuando es posible que se transparente. Una vez que la novia ha decidido qué medias va a usar, es conveniente que compre dos pares iguales, por si acaso se le rompen al ponérselas.

Pero antes de tomar la decisión, debe consultar con el creador del traje, porque las medias tienen que estar acordes con el estilo del vestido, el material y la recepción, y obviamente hacer sentir cómoda a la novia. Las medias con liguero se consideran muy "sexy", y pueden ser el sueño de muchos hombres, pero tienen el problema de que además de ser muy incómodas para ir al baño, se notan si el material es liviano o el vestido ceñido. Una buena opción para reemplazarlas, que también es muy sexy, son las medias que se adhieren a la piel del muslo, con un borde de encaje elástico. Algunas novias prefieren para este día las medias con algún diseño, pero de todas maneras deben consultar con el diseñador. Las de malla son incómodas, marcan el pie y tallan.

Si la novia va a usar sandalias, no debe llevar medias, ni siquiera de las que venden sin dedos, porque se ven artificiales.

Los zapatos: vale la pena recordar el papel de los zapatos en cualquier atuendo, porque son los que sellan la vestimenta, el capítulo final que además de soportar todo el peso del cuerpo, son los responsables de su estabilidad y bienestar. Motivos que los convierte en los accesorios más importantes en esta fecha.

El diseñador es un asesor clave en esta decisión, dado que tienen que armonizar con el estilo del vestido, ser cómodos y tener la altura apropiada para no sobrepasar al novio.

Al tomar la decisión de qué zapatos usar, lo más aconsejable es mirar primero si la novia tiene unos que cuadren con el estilo del vestido y se puedan forrar del mismo color.

En caso de zapatos nuevos, su estilo se decide de acuerdo con el creador del vestido y es importante mandarlos hacer con tiempo suficiente para amansarlos.

Los zapatos de diseños complicados, con punta larga, tacón puntilla o muy altos, no son ideales para ese día. Tampoco los llamados "mules", destapados en la parte de atrás, porque la novia corre el riesgo de enredarse y resbalarse con ellos. Los zapatos tipo sandalias sólo se pueden llevar en climas medios o cálidos porque se usan sin medias.

La novia que no se siente bien con tacones altos y no sabe caminar con ellos, debe usar zapatos más bajos, cerrados, de punta ovalada, redonda o cuadrada. Si la novia es muy alta puede llevar zapatos estilo zapatilla de ballet, planos, que además de ser cómodos lucen muy bien. Es importante tener en cuenta que la suela debe ser delgada, muy fina, en madera de color claro y para evitar resbalarse es necesario haber caminado con los zapatos antes de la boda.

En zapatos se encuentran multitud de opciones: en telas, con bordados o apliques de piedras o mostacillas, muy elegantes y lindos, pero lo más importante es que la novia se sienta cómoda con ellos. Un dolor en los pies, ocasionado por no saber escoger los zapatos, además de producir dolor de cabeza, da mal genio.

El peinado: es el marco natural de la cara y como tal se debe usar para realzar la forma del óvalo, las facciones y el cuello.

Si se tiene en cuenta que cada mujer conoce su pelo, su cara y lo que le queda y la hace sentir bien, también sabe lo que le produce el efecto contrario; por eso únicamente la novia tiene que decidir qué peinado quiere lucir. El pelo y la manera como se lleve es el reflejo de la personalidad. Así, una novia que nunca va a la peluquería y tampoco se maquilla, lucirá bien con un peinado liso, de estilo sencillo, si acaso cogido en una media cola. Si decide llevar flores, deben ser pequeñas y discretas.

El peinado que decida hacerse tiene un solo objetivo: que se sienta linda pero como todo lo que hace parte de su arreglo, debe ir de acuerdo con el vestido, el velo y demás accesorios.

Muchas personas piensan que como una novia lleva vestido largo, lo debe acompañar con un peinado cogido, estilo moño alto o bajo. Esto es un error, porque el moño solamente le queda bien a las caras ovaladas, nunca a las alargadas, redondas o cuadradas, ni a las de barbilla triangular en forma de diamante.

Las novias de cara cuadrada o redonda lucen muy bien si se hacen una carrera y dejan caer suavemente el pelo a los lados hasta descansar sobre los hombros.

El pelo muy largo no luce bien en una novia, porque puede verse desproporcionada la figura. Si la cara es ancha, no debe peinarse con capul o flequillos en la frente, ni cortarse el pelo en capas, porque puede verse cachetona.

Una cara larga necesita llevar algo en la frente: mechones que caigan, flequillos o cortinas, y mucho pelo a los lados, ya sea con un corte en capas o parejo con las puntas hacia fuera o metidas. El largo no debe pasar los hombros sino terminar en la mitad del cuello.

El óvalo de diamante abajo se enmarca con un peinado muy parejo a la altura de la barbilla y de un solo largo, desde la carrera o partido en la parte de arriba, hasta el final a los lados de la quijada.

No se recomiendan peinados muy artificiales, como untarse gel o gomina para dar una apariencia de pelo mojado; tampoco teñirse el pelo de colores que no se vean naturales, o sea de acuerdo con la piel, el pelo o los ojos de la novia. Las tinturas no deben ser de colores extremos, negro azabache ni rojo. Unas iluminaciones sutiles en el tono que convenga según la novia, son las indicadas. (Ver paginas de color).

El peinado debe permanecer impecable durante toda la boda, permitir saludar, bailar y retirarse siempre peinada. Si la novia lleva velo, al ponérselo y quitárselo debe quedar igualmente bien peinada.

Vestirse de novia es una buena oportunidad para lucir arreglos en el pelo con flores, azahares, perlas, diademas, tocados o inclusive coronas. Todo está permitido, inclusive en lo que se refiere a colores; lo importante es escoger un peinado que a través del tiempo, al mirar las fotos, la novia se siga viendo tan bonita como ese día.

El maquillaje: lo más importante al aplicarse el maquillaje que se decida llevar es que la piel luzca radiante.

La piel es lo que más se ve en la cara y también en el cuello, así que ojalá la novia se haya dedicado a cuidarla bien, para tenerla en estado óptimo el día de la boda.

Una novia debe evitar el cigarrillo, las bebidas alcohólicas, el café y la Coca-Cola en exceso, los días previos a la boda. También las comidas irritantes o ingredientes que le puedan producir erupciones en la piel, como chocolate, embutidos o los fritos.

Trasnocharse no ayuda, porque cambia el color de la piel, produce ojeras y ojos irritados o cansados.

La piel refleja los hábitos de limpieza, mantenimiento y la alimentación.

Como es de suponerse que la novia se ha hecho la limpieza profesional de piel al comienzo de la semana, la tiene en perfecto estado para maquillarla.

Al hacerse los ensayos de maquillaje, la novia debe usar, en lo posible, sus propios productos: base, polvos, sombras, delineador, y sus propios pinceles, brochas y esponjas.

El maquillaje también debe servir para las fotos, por esto es ideal contratar al maquillador para que se quede hasta que se termine la sesión de fotos y en caso necesario, hacer los retoques pertinentes.

Conviene darle unas guías a la persona contratada para lograr el efecto deseado; así una mujer que casi nunca se maquilla, ese día se sentirá mejor con un maquillaje natural, con sombras y delineador suaves, base tenue, poca pestañina y un lápiz de labios que solamente dé brillo.

Si la novia luce con los ojos cansados antes de la sesión, vale la pena que se aplique una mascarilla y deje enfriar sobre sus ojos unas bolsas de té durante veinte minutos.

A fin de aclarar la mirada basta aplicar unas gotas de colirio azul.

Para que la pestañina no se caiga, se aplica un poco de talco antes de pintarlas.

Delinearse con lápiz blanco por dentro, aclara la mirada.

Los labios conservan el color si después de aplicarlo se retira el exceso con un pañuelo tipo "kleenex" y se vuelven a pintar.

Una novia debe maquillarse con tonos muy claros, en especial los labios.

El maquillaje se fija y dura más, si al final se rocía un poco de agua fría con un atomizador y luego se seca con un "kleenex".

Para que el maquillaje permanezca impecable durante la ceremonia y la recepción, es bueno llevar una bolsa con los cosméticos necesarios. La mamá de la novia puede ser la encargada de guardarla.

El perfume: Jean-Jacques Rousseau decía que "los olores son el sentido de la imaginación", y esta puede ser la razón para darle al perfume la importancia que se merece. Cada persona, al aplicarse una fragancia la transforma. Los cambios de temperamento, el tiempo y en especial la química del cuerpo, afectan los olores del perfume, la colonia o la loción. Al ponerse unas gotas de estos productos sobre la piel parece que se evaporara, pero lo que ocurre es que está interactuando con la química de la piel, hasta dejar el verdadero efecto que debe producir. Ese olor particular, único e inconfundible, que acabará por caracterizarnos, debe armonizar con nuestra química individual para producir un humor atractivo y deseable.

Las fragancias se producen partiendo de los aceites esenciales que se extraen de flores, frutas, maderas y secreciones de animales.

Un perfume floral contiene rosa, violeta y sándalo, que algunas veces se mezclan con materiales sintéticos para acentuar el olor. Las fragancias que tienen este origen son las más numerosas y van desde muy suaves hasta fuertes y concentradas. Seleccionar un perfume es difícil, pero debe ser una labor personal e individual. Por ende, la novia no tiene por qué cambiar la fragancia que le gusta y con la cuál se identifica y la identifican, para el día más importante de su vida.

❧EL TRAJE DEL NOVIO☙

A fin de que la novia pueda asesorar con conocimiento a su pareja, se establecen a continuación los parámetros a contemplar.

El primer factor a considerar es tener presente que su vestido tiene que complementar al de su novia y esto quiere decir que los dos deben lucir igualmente impactantes o sea apropiados para la ocasión.

Para seleccionar el material del vestido se debe considerar el día, la hora y el lugar de la boda.

El vestido que el novio escoja será el mismo atuendo que deberán llevar los padres de la pareja y los padrinos.

La novia puede expresar su gusto al escoger su vestido, pero el novio debe guiarse por lo que manda la etiqueta, es decir, prescindir de diseños extravagantes que no respeten lo establecido, so pena de lucir fuera de lugar.

El novio tiene varias opciones de vestimenta para este día.

Si se trata de una reunión informal debe llevar un vestido de calle de un solo color, que puede ser gris si es de día, y gris más oscuro de noche.

Si la boda es formal, el traje adecuado para el día es el sacoleva, también llamado chaqué, compuesto por una chaqueta negra o gris oscura (cuyo uso está restringido al novio), un pantalón a rayas, ambos en paño flanel; un chaleco de abotonadura sencilla o cruzada de color gris claro o *beige*, camisa blanca de mancornas y la corbata tradicional o plastrón, que se fija con un alfiler de perla o brillante, o una corbata gris perla. Si el novio quiere, puede llevar sombrero de copa o cubilete negro, y gris si es en el campo, teniendo en cuenta que el más fino de todos es el de seda. Los zapatos adecuados son de cuero negro liso, de amarrar y con puntera, con medias negras, de seda o algodón mercerizado, largas hasta la rodilla.

De noche, el traje más usado es el *smoking* de paño negro con solapas forradas en seda y un galón del mismo material a lo largo de la pierna. Hay *smoking* con fajón o sin él, según el gusto y el cuerpo de quien lo luce. Al usar el fajón, el novio debe tener en cuenta que los pliegues vayan hacia arriba y que el fajón no roce con el plisado de la camisa, para que ésta no se sople e incomode. La camisa debe ser blanca, impecable, de cuello de pajarita o corriente, con pechera plisada o lisa, abotonadura especial o de botones guardados y mancornas. La camisa clásica no lleva botones, sino doble ojal para colocarle la abotonadura compañera a las mancornas, en oro o un metal dorado o plateado, con piedras semipreciosas negras. El corbatín es negro, de falla o terciopelo, para hacerse el nudo a mano. Un pañuelo fino de algodón blanco en el bolsillo lateral superior luce muy elegante. Los zapatos estilo zapatilla, lisos o de amarrar. Las medias negras, altas, de algodón o seda.

Para una boda de noche muy elegante, el traje es el frac. Va abierto adelante con las solapas forradas en seda y no se abotona; lleva dos colas abiertas atrás.

El pantalón lleva un galón doble a todo lo largo de la pierna y debe ser más largo atrás que adelante para que caiga perfectamente sobre el empeine y alargue la pierna. Va sostenido con tirantes debajo del chaleco.

La camisa, el chaleco y el corbatín son blancos en piqué almidonado. La camisa, de puño sencillo, lleva un sobrecuello almidonado y puede tener o no pechera.

El chaleco es corto, con solapa, botones sencillos o cruzados y no se deja ver por debajo de la chaqueta.

Los zapatos y las medias negros, igual que en los otros dos trajes. No hay hombre que no luzca impactante con esta vestimenta, realmente muy favorecedora, por eso siempre se ha considerado cómo el traje más elegante que puede lucir un hombre.

CONCLUSIÓN

Al culminar este libro el sentimiento es múltiple. Por una parte, la satisfacción de lo cumplido, ya que siempre sentí que era un complemento indispensable para mi trabajo de asesora como consultora de imagen; por otra, el haber podido compendiar la ayuda prometida a mis alumnos durante los últimos años.

Tengo la certeza de haber logrado lo que quería. Primero, que lo escrito sirva para ser consultado en la ocasión en que se requiera. Segundo, que quien encuentre lo que busca, induzca a sus amistades y familiares a hacer lo mismo.

Todas y cada una de nosotras, mujeres de hoy, debemos poseer esa cualidad que se llama vanidad. Este manual, una contribución a ella, nos sirve para llenar vacíos que tengamos en los temas de nuestra imagen como mujeres y, al mismo tiempo, enriquecer nuestro espíritu de cambio, además de ayudar a conquistar el mundo que nos rodea, a encantar, agradar, seducir, en fin, a alcanzar lo que nos propongamos, y una vez que lo logremos, continuar creciendo.

Es agradable que nos tengan en cuenta, que nos reconozcan, que se abran las puertas a nuestro paso, ocupar un lugar destacado en toda reunión, ser partícipe de los eventos que nos conciernen, poder dar consejos y, por ende, convertirnos en ejemplo a seguir. Para esto conviene repasar periódicamente las páginas de este libro.

Aun cuando tiene un título femenino, es también un manual de consulta para el hombre que nos quiera conocer, agradar, enamorar; quiere ser una herramienta de vida, que haga más amable la convivencia y que nos mantenga perfectamente encantadas con la vida y lo que hagamos de ella.

GLOSARIO

ABRIGO, saco, sobretodo, gabán, prenda en material pesado que cubre las demás partes del vestuario y que protege contra el frío y las inclemencias del tiempo.

APERLADO, con brillo blanco como el de una perla.

ARETE, zarcillo, pendiente, accesorio usado en el lóbulo de la oreja.

AUGURIO, presagio, predicción.

BAYETILLA, tela de algodón suave.

BEIGE, color marfil, habano, de tonalidad amarilla.

BLAZER, saco de paño o lino grueso, casi siempre de abotonadura cruzada.

BLUSA CAMISERA, con cuello abierto, como el de las camisas de hombre.

BOTINES, zapato tipo bota que va cerrado hasta cubrir el tobillo.

CAIMÁN, accesorio que se usa para cogerse el pelo, muy informal.

CAQUI, color verde oscuro, compuesto de verde con un poco de café.

CARTERA, accesorio femenino de forma estructurada.

CHAL, prenda tipo mantón, de material con textura mediana o gruesa, se usa para protegerse del frío o la lluvia.

CLIP, gancho que fija o agarra.

CLÓSET, armario, lugar donde se guarda la ropa.

CÓCTEL, evento que permite invitar gente heterogénea, a partir de las 6 de la tarde y por un espacio máximo de tres horas.

COLA DE CABALLO, peinado informal de pelo cogido con una liga de caucho.

COLOR MIEL, color café con tono amarillo.

CORSAGE, arreglo de flores que se usa como adorno femenino a la altura del pectoral.

COXIS, hueso donde termina la columna vertebral.

CRÊPE, tortilla que se rellena de diferentes maneras, salada o dulce.

DIFUMINAR, extender sin borrar, desvanecer.

DOBLADILLO, final de una prenda.

DRY MARTINI, cóctel hecho con ginebra y *vermouth* de marca Nouilly Pratt.

ECTOMORFO, cuerpo que tiene la misma medida en el contorno del pectoral y en el contorno de la cadera.

EGO, yo, exceso de autoestima.

ENDOMORFO, cuerpo que ha aumentado su volumen en el área que se puede extender desde el cuello y hasta las rodillas por delante y por detrás.

ESTATUS, nivel o posición social.

FLASHES, rayos, señal rápida, repentina, que se puede percibir o emitir.

FONOAUDIÓLOGA, especialista en problemas de la voz.

FRAC, es el traje más formal de uso masculino, de color negro, y se usa con camisa, chaleco y corbatín en piqué blanco almidonado. La chaqueta va abierta al frente y lleva dos colas que se abren desde la cintura y el pantalón tiene un galón al lado de la pierna.

GABARDINA, gabán, trinchera, impermeable.

HORMAS, formas, moldes.

ICOPOR, material sintético liviano de color blanco.

JEANS, pantalones tipo vaqueros, muy informales.

JUPÁ, pabellón bajo el cual se celebran las bodas judías.

KETUBÁ, contrato matrimonial judío.

KIR, cóctel que se prepara con vino tinto y un licor llamado *Crème de Cassis* (crema de castaña).

KIR ROYAL, cóctel de champaña y *Crème de Cassis* (crema de castaña).

KLEENEX, pañuelo desechable de papel suave.

MANGA CHINA, llega más abajo del hombro, y no puede pasar de la curva de la axila.

MANICURA, cuidado de las manos.

MESOMORFO, cuerpo más amplio arriba que abajo.

MIKVE, ceremonia ritual de purificación que realiza la novia judía antes de la boda.

MOCASINES, zapatos cerrados bajos, con un corte encima del empeine y una costura horizontal sobrepuesta.

MONTÚRA, armadura que enmarca y sostiene el lente de los anteojos o gafas.

MOUSSE, plato o postre que se prepara con frutas, huevos y crema o también con pescado o chocolate.

MUSK, sustancia de origen animal usada como ingrediente de perfumes.

OFRIF, ceremonia judía durante la cual el novio es llamado a la Torá.

PAÑOLÓN, pañuelo de tamaño mediano o grande, de uso femenino.

PASHMINA, chal o pañolón de lana de oveja.

PATÉ, pasta cremosa de color café hecha con hígados de pato, ganso, ternera o res, *cognac* y especies.

PEDICURA, cuidado de los pies.

PEDRERÍA, conjunto de piedras preciosas.

PESTAÑINA, maquillaje para las pestañas.

PILL BOX, sombrero en forma de caja ovalada, alto y parejo.

PLATAFORMA, zapato con una elevación pareja y horizontal.

PLIEGUE, doblez, arruga, marca obvia.

POMOS, porción de algodón prensado.

POT-POURRI, flores, hojas y cortezas delgadas de madera con olores aromáticos.

PRESILLA, trozo de tela que une.

PRETINA, parte de una prenda a la altura de la cintura.

PULSERA, brazalete, manilla que se usa a la altura de la muñeca especialmente al lado del reloj.

QUICHE LORRAINE, tarta de francesa de queso y jamón.

RAYITOS, mechones de pelo pintados manualmente.

SACOLEVA, se llama también chaqué, es un traje de etiqueta para el día, lleva un saco con dos colas atrás, pantalón de rayas negras y grises, una corbata llamada "plastrón" de seda y camisa blanca. Para recepciones al aire libre se puede acompañar de un sombrero de copa sastre.

SASTRE CHANEL, vestido de dos piezas de material grueso muy fino, tipo tejido en telar, corte clásico, falda a la rodilla.

SEXY, atractivo para el sexo opuesto.

SHOWER, lluvia de regalos que se ofrece con ocasión de un matrimonio o el nacimiento de un bebé, asisten familiares y amigos.

SMOKING, traje masculino de uso formal para la noche, confeccionado en paño negro con las solapas, botones y un galón a lo largo de la pierna en seda. Se usa con camisa blanca y corbatín de falla o terciopelo; puede llevar una banda a la altura de la cintura o un chaleco.

STRETCH, tela elástica que se ciñe al cuerpo.

SUÉTER, saco de lana, prenda informal; se usa para protegerse del frío.

TACONES PUNTILLA, tacones muy delgados en zapatos que terminan en forma aguda sobre los dedos de los pies.

TALIT, manto que usan los varones judíos para rezar.

TOP, prenda ceñida que cubre la parte superior del cuerpo.

TORA, libro sagrado judío o Pentateuco.

TOXINA, residuos tóxicos que se quedan en el sistema respiratorio.

TROUSSEAU, ajuar de novia.

VESTIER, espacio donde se guarda toda la ropa, y en el cual usualmente se puede vestir la persona.

ZAPATILLA, zapatos cerrados, clásicos de tacón mediano.

ÍNDICE DE TÉRMINOS

BIBLIOGRAFÍA

Baldrige´s Leticia. Complete guide to the new manners for the '90s. Rawson Associates, New York, 1990.

Barquero Cabrero José Daniel, Huertas Colomina Fernando José y Barquero Cabrero Mario. Ciencia de las relaciones públicas. Csedoch. Impreso en Madrid, 2001.

Barquero Cabrero José Daniel. Comunicación y relaciones públicas. Mc Graw Hill, Madrid, 2002.

De Rotschild Nadine. Le bonheur de séduire, l´art de réussir. Fixot, Paris, 1989.

Denuelle Sabine. Le savoir vivre. Larousse, Paris, 1996.

Devalls Natalie. La etiqueta hoy. Editorial Acervo, Barcelona, 1990.

Dhoquois Régine. La politesse. Éditions Autrement, Paris 1992.

Díaz Sossa Germán. Así se habla en público.Impreandes Presencia S. A., Bogotá, 1996.

Ford´s Charlotte. Etiquette. Clarckson N. Potter, Inc. Publishers, New York, 1988.

García Doménech Rosa María. Asesoría de imagen personal. Editorial videocinco, Madrid, 1999.

Gordoa Víctor. El poder de la imagen pública. Edamx, S. A. de CV. y Víctor Gordoa, México, 1999.

Grunig James E, and Hunt Todd. Dirección de relaciones públicas, Gestión 2000, Barcelona, 2000.

Lecherbonnier Marie-France. Le savoir vivre, Protocolo et convivialité. Les Guides Albin Michel, Paris 1994.

Mason Mathis Carla and Villa Connor Helen. The triumph of individual style. Timeless Edition, 1994, Cali, Colombia.

MITCHELL MARY WITH CORR JOHN. The complete idiot´s guide, Etiquette. Alpha Books, New York, 1996.

PAGÉS ÉVELYNE. Savoir recevoir aujourd´hui. Solar, Paris, 1999.

POST´S EMILY. Etiquette. Harper Collins Publishers, New York, 1992.

POST´S EMILY. The etiquette advantage in business. Harper Collins Publishers, New York, 1992.

ROETZEL BERNHARD. El caballero. Könemann., Colonia, 1999.

RUEDA CUENCA FERNANDO Y SANJUÁN MONFORTE JOSÉ CARLOS. El protocolo en la sociedad y en la empresa. Stanfer Ediciones, Madrid, 1996.

SERRE ROBERT. Ideas y trucos para comportarse socialmente. Ediciuones Robinbook, Barcelona, 1997.

VANDERBILT´S AMY. Complet book of etiquette. Doubleday & Company Inc., Garden City, New York, 1957.

VASANT LAD. Dr. Ayurveda, The science or self-healing. Lotus Press Wiilmot, WI., 1985.

VILLAROSA RICCARDO AND ANGELI GIULIANO. The elegant man. Random House, New York, 1990.

YOUNG LAILAN. The naced face. Randon House, New York, 1993.

COLECCIÓN DORADA
INTERÉS GENERAL

PRIMERA ETAPA